Optimisation de la consommation d'énergie dans les RCSF

Intissar Sidaoui

Optimisation de la consommation d'énergie dans les RCSF

Evaluation de la consommation d'énergie du protocole SMAC-DSR et SMAC-OLSR dans les réseaux da capteurs

Éditions universitaires européennes

Mentions légales / Imprint (applicable pour l'Allemagne seulement / only for Germany)
Information bibliographique publiée par la Deutsche Nationalbibliothek: La Deutsche Nationalbibliothek inscrit cette publication à la Deutsche Nationalbibliografie; des données bibliographiques détaillées sont disponibles sur internet à l'adresse http://dnb.d-nb.de.
Toutes marques et noms de produits mentionnés dans ce livre demeurent sous la protection des marques, des marques déposées et des brevets, et sont des marques ou des marques déposées de leurs détenteurs respectifs. L'utilisation des marques, noms de produits, noms communs, noms commerciaux, descriptions de produits, etc, même sans qu'ils soient mentionnés de façon particulière dans ce livre ne signifie en aucune façon que ces noms peuvent être utilisés sans restriction à l'égard de la législation pour la protection des marques et des marques déposées et pourraient donc être utilisés par quiconque.

Photo de la couverture: www.ingimage.com

Editeur: Éditions universitaires européennes est une marque déposée de
Südwestdeutscher Verlag für Hochschulschriften GmbH & Co. KG
Heinrich-Böcking-Str. 6-8, 66121 Sarrebruck, Allemagne
Téléphone +49 681 37 20 271-1, Fax +49 681 37 20 271-0
Email: info@editions-ue.com

Produit en Allemagne:
Schaltungsdienst Lange o.H.G., Berlin
Books on Demand GmbH, Norderstedt
Reha GmbH, Saarbrücken
Amazon Distribution GmbH, Leipzig
ISBN: 978-613-1-59507-3

Imprint (only for USA, GB)
Bibliographic information published by the Deutsche Nationalbibliothek: The Deutsche Nationalbibliothek lists this publication in the Deutsche Nationalbibliografie; detailed bibliographic data are available in the Internet at http://dnb.d-nb.de.
Any brand names and product names mentioned in this book are subject to trademark, brand or patent protection and are trademarks or registered trademarks of their respective holders. The use of brand names, product names, common names, trade names, product descriptions etc. even without a particular marking in this works is in no way to be construed to mean that such names may be regarded as unrestricted in respect of trademark and brand protection legislation and could thus be used by anyone.

Cover image: www.ingimage.com

Publisher: Éditions universitaires européennes is an imprint of the publishing house
Südwestdeutscher Verlag für Hochschulschriften GmbH & Co. KG
Heinrich-Böcking-Str. 6-8, 66121 Saarbrücken, Germany
Phone +49 681 3720-310, Fax +49 681 3720-3109
Email: info@editions-ue.com

Printed in the U.S.A.
Printed in the U.K. by (see last page)
ISBN: 978-613-1-59507-3

Remerciements

Je souhaitais adresser mes remerciements les plus sincères aux personnes qui m'ont apporté leur aide et qui ont contribué à l'élaboration de ce mémoire.

Je remercie les membres du jury pour avoir accepter de juger mon travail.

Mes remerciements les plus profonds s'adressent aussi à ma famille qui m'a soutenu et encouragé tout au long de mon cursus. Je dédie mon travail à mon aimable père Sghaeir Sidaoui qui m'a fourni toutes les conditions favorables au bon déroulement du projet et son patiente à ma très aimable mère Khira Harrathi pour son soutient moral, son écoute et surtout son amour qui m'a été essentiel durant ces années et pour m'avoir faire partager leur joie de vivre et je dédie également mon travail à mes aimables frères Montassar et Mehdi que je les aime.

Je voudrais également remercie la famille de ma mère, ma chère grand-mère, mes oncles et mes tantes et plus particulièrement chère tante Souad qui m'a toujours soutenu et encouragé. Je vous dis que je vous aime tous.

Enfin, j'adresse mes plus sincères remerciements à tous mes ami(e)s plus particulièrement Ahlem et Ali qui m'ont toujours soutenu et encouragé au cours de la réalisation de ce mémoire.

Merci à tous et à toutes

Absract

Sensor networks have seen a great evolution in recent years. In fact, consumption energy is the most important constraint for static sensor nodes where no power source other than the battery is available. A lot of work has been done to minimize the energy expenditure and prolong the sensor lifetime through energy efficient designs, across layers.

In this memory, we started with the presentation of sensor networks and the SMAC protocols and routing. Then, we simulated the protocols SMAC-DSR and SMAC-OLSR in ns-2.33, after we evaluated their performances. In order to improve the energy consumption, we choose the OLSR routing protocol because the results of evaluation showed that the combination of SMAC with OLSR consumed less energy than SMAC with DSR.

Key Words: Energy efficient, SMAC, OLSR, DSR, Sensor network

Table de matières

Introduction Générale

Depuis quelques décennies, le besoin d'observer et de contrôler les phénomènes physiques tels que la température, la pression ou encore la luminosité est essentiel pour de nombreuses applications industrielles et scientifiques. Les récentes avancées dans les domaines des technologies sans-fil et électroniques ont permis le développement à faible coût des micro-capteurs répondant à ces besoins.

L'ensemble des nœuds capteurs constituent un réseau de capteurs sans fil, ce type de réseau est caractérisé par un déploiement dense limité en termes de ressources. Les limites imposées sont la limitation des capacités de traitement, de stockage et surtout d'énergie car les capteurs sont alimentés par des piles. Vu son déploiement aléatoire dans des zones hostiles (inaccessibles), la recharge des batteries sont presque impossible. Alors, lors du la conception d'un RCSF, il faut prendre en considération la consommation d'énergie des capteurs qui est devenu le critère de performance prédominant dans ce domaine.

Puisque, la maitrise de la consommation d'énergie par les RCSFs et la maximisation de leur durée de vie restent les problèmes les plus fondamentaux, plusieurs travaux de recherches sont apparus avec un objectif : optimiser la consommation d'énergie des nœuds afin de maximiser la durée de vie du réseau.

Suite a nos lectures, nous avons remarqués que la partie radio (y compris couche PHY/MAC) est la principale source consommatrice d'énergie. Les chercheurs ont proposé plusieurs protocoles pour traiter l'accès au Canal, au routage, etc.

Vu toutes ces raisons, le présent mémoire est consacré pour résoudre le problème de la consommation d'énergie, en y proposant une méthode d'accès optimale au niveau du la couche MAC/PHY tout en garantissant une économie d'énergie. Pour économiser l'´energie, une entité capteur doit se mettre en mode sommeil, mode durant lequel elle sera inactive. Etant inactive, une entité n'est plus capable de participer à l'activité du réseau ; elle ne peut ni recevoir ni transmettre des messages.

L'objectif de ce mémoire est d'améliorer et évaluer les performances du protocole SMAC avec la prise en charge des contraintes de ce réseau en particulier l'énergie.

Notre travail consiste à augmenter le nombre de nœuds et puisque SMAC ne contient aucun protocole de routage, alors nous allons ajouter un protocole réactif et un autre proactif afin de faire une comparaison entre eux et de choisir le plus adaptable au SMAC en termes d'énergie.

Ce mémoire est organisé en quatre chapitres. Le premier chapitre est consacré pour la présentation du réseau de capteurs sans fils, son architecture et ses caractéristiques et ses applications. Dans le deuxième chapitre, nous allons présenter les protocoles au niveau MAC qui s'attachent à l'optimisation de la consommation d'énergie et quelques protocoles de routages .Ensuite, dans le troisième chapitre, nous allons détailler trois protocoles de réseaux de capteurs sans fil, le premier est le protocole S-MAC de niveau MAC, le deuxième et le troisième sont les protocoles de routages OLSR et DSR. Alors que dans le quatrième chapitre, nous allons simuler le protocole SMAC-DSR et SMAC-OLSR puis nous allons effectuer une comparaison entre eux afin de déterminer le plus performant en termes d'énergie. Enfin, notre mémoire s'achève par une conclusion générale résumant les quatre grands points qui ont été abordé et quelques perspectives.

Chapitre 1 : les réseaux de capteurs sans fil

1.1-Introduction

Des nombreuses applications basées sur des réseaux de capteurs sont actuellement réalisées ou en cours de réalisation. En effet, les capteurs peuvent être utilisés dans un milieu hostile pour suivre ou surveiller un environnement. Dans ce chapitre, nous présenterons les concepts de bases d'un réseau de capteurs sans fil où nous étudierons en détail leur architecture, leurs caractéristiques et nous citerons quelques domaines d'application.

1.2-Présentation des réseaux de capteurs sans fil (RCSF)

Un réseau Capteur sans fil (RCSF) est un type spécial *du réseau Ad-hoc* défini par un ensemble des nœuds-capteurs dispersés dans une zone géographique appelé zone de captage, afin de surveiller certains phénomènes physiques comme: température, humidité, pression, vibration .Il assure une transmission sans fil simple à faible puissance, faible coût, faible débit et à faible portée (10 à 75m). Dans ces réseaux, chaque nœud-capteur est capable de surveiller son environnement et de réagir en cas de besoin en envoyant l'information collectée à un ou plusieurs points de collectes (nœud puit ou sink) avec un routage multi-sauts. Les puits sont connectés à l'utilisateur du réseau via Internet, Satellite ou un autre système. L'usager peut envoyer des requêtes aux autres nœuds pour récolter des mesures environnementales captées par les nœuds puits [1] [4].

1.3-Définition d'un capteur

Un capteur est un équipement à faible coût, faible puissance et à faible débit qui mesure une grandeur physique comme : température, humidité, pression etc. Il assure trois fonctions complémentaires : collecter les mesures (informations) et les transmettre pour qu'elles soient traitées. Chaque capteur est équipé d'une batterie et d'une carte réseau sans fil qui lui permet de se communiquer avec les autres capteurs. Grâce aux principes d'auto-organisation des Réseaux ad hoc, les capteurs peuvent être déposés ou largués depuis un avion [2] [6].

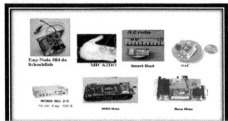

Figure 1.1 : Exemple de capteurs

1.4-Les composants d'un capteur

Un nœud capteur contient quatre unités de base : l'unité de captage qui contienne deux sous unités, le capteur lui-même et un convertisseur analogique-numérique appelé ADC (Analog to Digital Converters).qui transforme les signaux analogiques fournis par le capteur et qui est basé sur le phénomène observé en des signaux numériques compréhensible par l'unité de traitement. Grâce au processeur qui fonctionne à l'aide d'un système d'exploitation conçu pour les capteurs (exemple : TinyOs), l'unité de traitement traite les données reçues de la part du l'unité de captage, après ces données traitées seront stockées dans la mémoire. Ainsi, on trouve l'unité de transmission qui assure la communication entre les nœuds à partir une interface radio. Enfin, on trouve l'unité de contrôle d'énergie qui représente l'unité la plus importante dans un capteur, elle répartit l'énergie disponible aux autres modules. En outre, le capteur peut contenir d'autres modules, selon le domaine d'application tel que : générateur d'énergie pour les cellules solaires, un système de localisation(GPS) ou un système Mobilisateur qui déplace les nœuds capteurs en cas de nécessité [5].

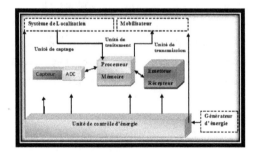

Figure 1.2 : Architecture d'un nœud capteur sans fil

La figure ci-dessous illustre les composants d'un nœud capteur TelosB :

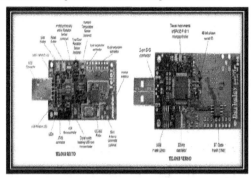

Figure 1.3: Les composants d'un nœud capteur TelosB

1.5-Architecture d'un réseau de capteurs

Un RCSF est constitué de nombreux nœuds capteurs dispersés de façon aléatoire, un nœud sink et un centre de traitement des données **[4] [40]**.

❖ *Nœuds* :

Ce sont des capteurs formés d'un composant physique où leur disposition géographique et leur architecture dépendent de l'exigence de l'application. Leur énergie est souvent limitée puisqu'ils sont alimentés par des piles.

❖ *Sink* :

C'est un nœud particulier du réseau. Il est chargé de la collecte des données issues des différents nœuds du réseau. Il doit être toujours actif puisque l'arrivée des informations est aléatoire. C'est pourquoi son énergie doit être illimitée. Dans un réseau de capteur sans fil plus ou moins large et à charge un peu élevée, on peut trouver deux sources ou plusieurs pour alléger la charge.

❖ *Centre de traitement de données* :

C'est le centre vers lequel les données collectées par le Sink sont envoyées. Ce centre a le rôle de regrouper les données issues des nœuds et les traiter de façon à en extraire de l'information utile exploitable. Le centre de traitement peut être éloigné du Sink, alors les données doivent être transférées à travers un autre réseau, c'est pourquoi on introduit une passerelle entre le Sink et le réseau de transfert pour adapter le type de données au type du canal (comme c'est illustré dans la *figure 1.4*).

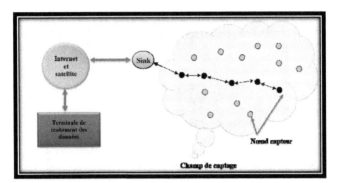

Figure 1.4: Architecture du réseau de capteur sans fil

1.6-Communication dans les réseaux de capteurs sans fils

Contrairement aux réseaux traditionnels, les réseaux de capteurs utilisent une pile protocolaire de communication. Elle contienne cinq couches : *Applicative, Transport, Réseau, liaison de données et Physique* et trois plans : le *plan gestion d'énergie*, le *plan gestion de mobilité* et le *plan gestion des taches.*

- **La couche applicative :**

Elle présente l'interface entre l'utilisateur et le Réseau. Elle doit apporter à l'utilisateur les services offerts par le Réseau, par exemple : transfert des fichiers(FTP), http...

- **La couche transport :**

Cette couche est responsable du transport des données, de leur découpage en des paquets, optimisation des ressources Réseau et de contrôle de flux. *L'unité d'information* de cette couche est le *message.*

- **La couche réseau:**

Cette couche gère le routage (acheminement des données) et l'adressage des données. *L'unité d'information* de cette couche est le *paquet.*

- **La couche liaison de données:**

Cette couche est responsable au multiplexage des données, contrôle des erreurs et le contrôle du médium. Elle assure deux types de liaisons : soit la liaison point à point ou la liaison point à multipoints. Elle est composée d'une couche de contrôle de liaison logique (LLC) et une couche de contrôle d'accès au médium(MAC) qui contrôle la radio. *L'unité d'information* de cette couche est la *trame.*

- **La couche physique:**

Elle s'occupe de la sélection des fréquences porteuses, de la génération des ondes porteuses, de la détection du signal et de la modulation des données.

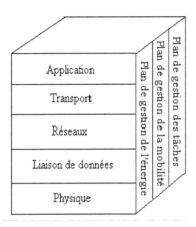

Figure 1.5: pile protocolaire dans les réseaux de capteurs

La pile protocolaire des réseaux de capteurs comporte aussi trois plans : le plan de gestion d'énergie, le plan de gestion de mobilité et le plan de gestion des tâches. Ces niveaux sont responsables du contrôle de l'énergie consommée, des mouvements des nœuds et de la distribution des tâches à travers toute la pile protocolaire, ils permettent aux capteurs de coordonner leurs tâches et minimiser la consommation d'énergie.

- **Le niveau de gestion d'énergie** : de conserver le maximum d'énergie.
- **Le niveau de gestion de la mobilité** : détecte et enregistre tous les mouvements des nœuds capteurs pendant la phase de routage.
- **Le niveau de gestion des tâches** : permet de bien affecter les taches aux nœuds capteurs et défini la coordination entre les nœuds voisins afin d'accomplir un travail coopératif et optimiser la consommation d'énergie.

1.7-Les contraintes d'un RCSF

La conception et la réalisation d'un Réseau de capteurs sans fil est influencée par plusieurs paramètres comme la tolérance aux pannes, cout de production, la topologie et la consommation d'énergie. Ces facteurs importants représentent les directives pour le développement des algorithmes et des protocoles pour les réseaux de capteurs.

1.7.1-Tolérance aux pannes

La défaillance des nœuds capteurs dans un réseau peut être due a leur fabrication (endommagement physique), suite à des interférences liées à l'environnement ou lorsque la batterie est épuisée. La propriété de tolérance aux pannes est définie par l'habilité du réseau à maintenir ses fonctionnalités sans interruptions provoquées par la panne des capteurs. Elle vise donc à minimiser l'influence de ces pannes sur la tâche globale du réseau .

1.7.2-Coût de production

Le coût de production d'un seul capteur est très important pour évaluer le coût global du réseau, si ce dernier est supérieur à celui nécessaire pour le déploiement des capteurs classiques, l'utilisation de cette nouvelle technologie ne serait pas financièrement justifiée. Par conséquent, réduire le coût de production jusqu'à moins de 1$ par nœud est un objectif important pour la faisabilité de la solution des réseaux de capteurs sans fil **[7]**.

1.7.3-Topologie

Le déploiement aléatoire du réseau de capteurs ainsi que ses fréquences élevées de pannes rendent la tâche de maintenance de la topologie de plus en plus complexe. Généralement, certains capteurs sont déployés avec une densité pouvant être supérieur à 20 nœuds, ceci exige que ces derniers soient capables d'adapter leur fonctionnement afin de maintenir la topologie du réseau déployé .On distingue, généralement, trois phases de la mise en place d'un réseau :

- Déploiement : Les nœuds de capteurs sont placés de manière prédéfini ou aléatoire (les jeter d'un avion). Pour le déploiement d'un Réseau, il faut suivre un schéma général pour réduire les couts d'installation et facilite l'auto-organisation des nœuds et leur tolérance aux pannes.
- Post-déploiement : Pendant la phase de déploiement, la topologie du réseau peut subi des changements dues aux changements de position de nœuds, épuisement d'énergie ou dysfonctionnement des nœuds.
- Redéploiement : Le remplacement des nœuds qui sont en pannes ou l'ajout des nouveaux capteurs exige une mise à jour de la topologie.

1.7.4-La consommation d'énergie

Les capteurs sont des composants électroniques équipés par des batteries. Vu au déploiement aléatoire du réseau de capteurs, la recharge de la batterie devienne une tâche très couteuse ou impossible. Par conséquent, la durée de vie d'un capteur dépend de la vie de la batterie. En effet, le fonctionnement du réseau de capteur est basé sur le routage multi-sauts, chaque nœud du réseau joue un rôle important dans la transmission des données. La consommation d'énergie représente une métrique de performances **[50]** très intéressante, qui infule directement sur la durée de vie du tout le réseau. Donc, elle représente la première considération pour les concepteurs, au moment de développement des protocoles. Ce qui implique que les autres métriques telles que la durée de transmission et débit peuvent être négligés. L'énergie consommée par un nœud capteur est due essentiellement aux opérations suivantes : la capture, le traitement et la communication de données [7] :

1.7.4.1- Energie de capture

L'énergie consommée au moment du captage varie suivant la nature de l'application. En effet, l'énergie de capture permet d'accomplir les tâches suivantes : l'échantillonnage des signaux physiques, le traitement de signal, la conversion analogique/numérique et l'activation de la sonde du capture. En générale, un captage sporadique consomme moins d'énergie qu'un contrôle d'événement constant.

1.7.4.2 Energie de traitement

Le traitement local des données consomme beaucoup moins d'énergie. Elle inclut le contrôle de composants de capture et l'exécution des protocoles de communication et des algorithmes de traitement des signaux sur les données collectées. Elle est effectuée par des microprocesseurs.

1.7.4.3-Energie de communication

C'est la phase la plus consommatrice de l'énergie à cause de la multitude de composants électroniques intégrés au circuit responsable de cette opération. Cette communication est assurée à travers un support de transmission radio. Alors pour transmettre un message de k bits sur une distance de d mètres [4] [51], l'émetteur consomme :

$$E_{Tx}(k,d) = E_{elec}(k) + E_{amp}(k,d) = E_{elec} * k + E_{amp} * k * da \qquad (1)$$

Et le récepteur consomme :

$$E_{Rx}(k) = E_{elec}(k) = E_{elec} * k \qquad (2)$$

Avec :

E_{elec} : Énergie de transmission/réception électronique.

k : Taille d'un message en bits.

d : Distance entre l'émetteur et le récepteur.

E_{amp} : Énergie d'amplification.

a : Sa valeur dépend des conditions de l'environnement

En effet, La minimisation d'énergie pendant la communication est liée à l'optimisation des protocoles de la couche MAC. Le but de ces protocoles est de trouver les routes optimales en termes de la consommation d'énergie. Ce point sera détaillé dans le chapitre 2.

1.8-Les applications des réseaux de capteurs

Les RCSFs font partie des thèmes de recherches très actif actuellement car cette technique peut être appliqué dans de nombreux domaines : militaire, environnementale, domestique, santé, sécurité, écologique, etc.

❖ **Applications militaires :**

Le domaine militaire a été un moteur initial pour le développement des réseaux de capteurs. Le déploiement rapide, le coût réduit, l'auto-organisation et la tolérance aux pannes des réseaux de capteurs sont des caractéristiques qui rendent ce type de réseaux un outil appréciable dans un tel domaine. Un exemple typique d'application dans ce domaine est le déploiement d'un tel réseau sur un endroit stratégique ou difficile d'accès, afin de surveiller toutes les activités des forces des ennemies ou d'analyser le terrain avant d'y envoyer des troupes (par exemple : par la détection d'agents chimiques, biologiques ou de radiations) **[3]**.

❖ **Applications médicales:**

La surveillance des fonctions vitales d'un organisme vivant pourrait à l'avenir être facilitée par des micro-capteurs avalés ou implantés sous la peau. Des gélules multi-capteurs ou des micro-caméras pouvant être avalé existe déjà, pouvant sans recours à la chirurgie, transmettre des images de l'intérieur d'un corps humain (avec une autonomie de 24 heures). Parmi les applications biomédicales qui utilisent les RCSF, nous citons: la surveillance de la glycémie, la surveillance des organes vitaux ou la détection précoce de cancers. Les réseaux de capteurs permettraient théoriquement une surveillance permanente des patients et une possibilité de collecter des informations physiologiques de meilleure qualité, facilitant ainsi le diagnostic de quelques maladies **[4]**.

❖ **Applications domotiques :**

En plaçant, sur le plafond ou dans le mur, des capteurs, on peut économiser l'énergie en gérant l'éclairage ou le chauffage en fonction de la localisation des personnes **[4]**.

❖ **Applications environnementales :**

Parmi les applications environnementales, nous citons la détection des incendies en y dispersant de thermo-capteurs à partir d'un avion sur une forêt, la poursuite du mouvement des oiseaux, de petits animaux, et des insectes ainsi que le contrôle des conditions de l'environnement qui affectent les produits agricoles, l'irrigation, l'exploration planétaire **[3][8]**.

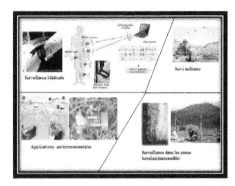

Figure 1.6: exemples applications du RCSF

1.9-Conclusion

Dans ce chapitre, nous avons présenté les concepts de base d'un réseau de capteurs sans fil. A travers nos lectures, nous avons remarqué que la minimisation de l'énergie est un axe de recherche très important dans les réseaux de capteurs sans fil. Pour cela, le chapitre suivant sera consacré à la présentation des différents protocoles au niveau MAC et au niveau routage qui visent à réduire la consommation de l'énergie et à maximiser la durée de vie d'un RCSF.

Chapitre 2 : Les protocoles de la couche MAC et de la couche réseau dans les RCSFs

2.1-Introduction

Après avoir détaillé, dans le chapitre précédent, les différents composants, l'architecture et les applications du RCSF. Dans ce chapitre, nous allons présenter quelques protocoles qui sont conçus pour les RCSFs, que ce soit au niveau MAC ou au niveau routage en se basant sur le principe d'optimisation d'énergie.

2.2-Les protocoles de la couche MAC

La couche MAC joue un rôle important dans la coordination des nœuds et la minimisation de l'énergie consommée. Dans ce qui suit, nous allons présenter les principales sources d'une consommation excessive d'énergie et quelques approches et travaux qui on déjà abordé le problème de l'énergie.

2.1.1-Les problèmes de la conservation d'énergie de la couche MAC

Parmi les sources les plus consommatrices d'énergie, nous citons :

+ La collision : la collision est le cas où deux nœuds transmettent des données en même temps vers un seul destinataire, cela génère une collision sur le récepteur. Cette collision implique une retransmission des trames de données et augmente la consommation d'énergie.

+ Overhearing (écoute passive) : où les nœuds écoutent les trames de données qui ne leur sont pas destinées. Puisque le médium est un environnement commun, lorsqu'un émetteur transmet ses trames de données, tous les nœuds qui se trouvent autour de lui sont obligés d'écouter cette transmission. Cette écoute passive est nécessaire pour déterminer le moment où le médium de transmission se libère afin de transmettre les trames de données.

+ Les paquets de contrôle : Le canal sans fil est un médium de transmission bruité et il y a très souvent des erreurs de transmission. Alors, l'utilisation de *paquets de contrôle* est une méthode efficace pour contrôler les trames d'erreurs. Cependant, ces paquets ne contiennent pas des données, elles sont considérées alors comme une surcharge ou *overhead* .

+ L'écoute active ou *Idle listening* : Les nœuds dans les réseaux sans fil doivent laisser leur récepteur actif parce qu'ils n'ont aucune idée quand les données vont être reçues. Dans des applications où les paquets sont envoyés ou reçus de façon non fréquente, la perte d'énergie due à l'*Idle listening* est significative et doit être évitée **[9]**.

2.1.2-Les protocoles MAC des réseaux de capteurs sans fil

Dans ce qui suit, nous allons discuter un certain nombre de protocoles de la couche MAC proposés pour les RCSFs en raison de leur apport en termes de conservation l'énergie.

Les protocoles sont classifiés en des protocoles basés sur la contention et en des protocoles basés sur les Schedules et parfois on trouve des protocoles hybrides qui combinent tous les deux [31] :

- ⬥ ***Protocoles basés sur la contention*** : Ces protocoles utilisent le concept CSMA/CD, ils contiennent aussi des mécanismes pour éviter les collisions ce qui réduit la consommation d'énergie au niveau dispositif radio **[7]**.

- ⬥ ***Protocoles basés sur les Schedules*** : un seul voisin peut transmettre à la fois afin d'éviter les collisions. Ces protocoles utilisent le concept TDMA **[39]**, qui fournit également un mécanisme pour éviter le *Idle Listening*: quand le nœud connaît le schéma d'allocation des *TimeSlots*, il peut être sûr qu'il communique (transmettre/recevoir) sans risque de collision, et met hors tension son dispositif radio pendant tous les autres **[7]**.

2.1.2.1- Protocoles basés sur les schedules

SMACS (Self-Organizing Medium Access Control for Sensor Networks) est un protocole distribué qui permet aux nœuds capteurs de découvrir leurs voisins et construire un réseau de communication sans avoir besoin d'un nœud maître. Dans son principe SMACS est essentiellement basé sur les concepts suivants **[30]**:

- ⬥ Le spectre disponible est subdivisé en plusieurs canaux et chaque nœud peut utiliser l'un d'eux.
- ⬥ La plupart des nœuds du réseau sont stationnaires et l'assignation des canaux est valide pour un long temps.
- ⬥ Chaque nœud divise son temps en des trames de durée fixe (qui est la même pour tout le réseau) qui sont subdivisées à leur tour en des *TimeSlots*.

Ce protocole d'accès aux media est basé sur le schéma TDMA, qui englobe deux périodes de temps, la première période est appelée « *bootup period* » : durant cette période les nœuds cherchent aléatoirement sur une fréquence de communication fixe des nouveau nœuds voisins pour les inclure dans le réseau, ou pour rétablir les liens défaillants entre eux, alors que la deuxième période est réservée aux tâches liées à la communication avec ces nœuds voisins.

Après le déploiement, chaque nœud se réveille suivant une distribution aléatoire et entame la phase de découverte de ses voisins, une fois un nouveau lien est découvert, un canal de communication est assigné entre les deux nœuds. Pour réduire la collision entre les canaux de communication assignés, chacun d'eux doit agir sur une fréquence différente. Après l'établissement du lien, le nœud capteur possèdera un plan qui lui donne les périodes de temps, durant lesquelles, il peut allumer l'interface de communication pour l'émission ou la réception de données, ce mode permettra une optimisation considérable en consommation d'énergie. Le majeur inconvénient de ce protocole c'est la longueur de la super-trame qui doit être assez grande pour supporter le grand nombre de nœuds dans le réseau. De plus, dans le cas où on a un réseau dense avec un trafic faible où plusieurs nœuds se réveillent pour se rendre compte qu'ils n'ont rien à recevoir, le gaspillage d'énergie sera considérable.

2.1.2.2-Protocoles basés sur la contention

Maintenant, on va voir quelques protocoles MAC qui sont basés sur la contention :

2.1.2.2.1- IEEE 802.11

IEEE 802.11 est la couche MAC standard qui est proposé pour les réseaux locaux sans fil. Il est un protocole basé sur la contention. Il utilise les paquets de contrôle RTS/CTS afin de réduire les collisions qui peuvent se produire par les terminaux cachés. Sinon, il utilise le mécanisme de Carrier Sense physique et Carrier Sense virtuel. Ce protocole souffre du problème d'inefficience d'énergie. Ce protocole consomme trop d'énergie et c'est du aux Idle Listening [12].

2.1.2.2.2- S-MAC

S-MAC *(Sensor MAC)* est un protocole basé sur la technique CSMA .Il combine le *scheduling* et la contention pour éviter la collision. La conservation d'énergie est basée sur le principe réveil/veille pour les différentes stations voisines. Les paquets de synchronisation sont utilisés pour maintenir la synchronisation entre les stations. Lorsqu'une station veut utiliser un canal, il doit entrer en contention avec les autres stations. Le contrôle de la surécoute est assuré en mettant en veille tous les voisins immédiats à l'émetteur et au récepteur après la réception d'un paquet RTS ou CTS. La trame et l'opération S-MAC sont divisées en deux parties : une période active et une période de sommeil. Durant la période de sommeil, toutes les stations qui se partagent la même période *(Schedule)* dorment et conservent de l'énergie. La période de sommeil est toujours plus grande que la période active. Les stations écoutent les paquets SYNC transmis par une station de façon non fréquente pour maintenir un regroupement virtuel *(Virtual clustering)*.S-MAC peut, certes, réduire le temps d'*Idle listening*, mais il n'est pas optimal à cause de son intervalle d'écoute fixe ; lorsque le trafic est réduit (aucune station ne possède un trafic de données à envoyer durant la période d'écoute active), toute les stations doivent toujours se réveiller et donc perdre leurs énergies. Si le trafic est important et avec des périodes actives fixes, toutes les stations ne peuvent pas bien maitriser le trafic parce qu'elles doivent s'endormir sans se soucier de la situation du trafic dans le réseau [11].

2.1.2.2.3- T-MAC

Pour surmonter les inconvénients de S-MAC, Tijs van Dam et al ont proposé T-MAC (Timeout-MAC) qui est un protocole basé sur les idées, les concepts et les principes de S-MAC. Il présente une amélioration de S-MAC [13].

Dans T-MAC, les nœuds se synchronisent pour mettre leur transceiver actif et endormi périodiquement comme S-MAC. Cependant, T-MAC adapte l'intervalle de temps actif à différents niveaux de trafic du réseau. Cet intervalle de temps n'est plus fixé par l'application mais varie selon le trafic du réseau [42].

La figure 2.1 illustre une comparaison entre S-MAC et T-MAC. Nous pouvons voir que l'intervalle actif de S-MAC reste toujours fixe tandis que l'intervalle actif de T-MAC varie selon le trafic. En effet, si le trafic est lourd, le protocole TMAC augmente le temps de la phase «Active» et par conséquent le mode actif afin de réduire le temps d'attente.

Si le trafic est faible, ce protocole augmente le temps du mode « inactif» pour économiser de l'énergie. Par conséquent, la période active est adaptée à la charge du trafic [13].

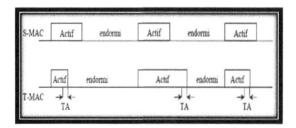

Figure 2.1: comparaison entre SMAC et T-MAC

Le protocole T-MAC minimise les délais introduits par les périodes d'écoutes passives ce qui le rend capable de réaliser une propriété de latence meilleure que celle de SMAC. Il complique l'implémentation de SMAC. Aussi, il présente un problème de robustesse dans des réseaux à grande densité.

Pour réduire la latence de la transmission multi-saut, T-MAC propose un nouveau type de paquet de contrôle FRTS (Future-RTS). Ce paquet a pour but de signaler au nœud qu'il est récepteur d'une transmission, alors que le transmetteur est dans la portée d'une transmission en cours et ne peut pas transmettre. Lorsqu'un nœud reçoit FRTS, il devient actif à la fin de la transmission en cours pour recevoir les futures trames de données. Cette méthode réduit également la latence de transmission multi-saut de capteurs vers la station de base. Comparé à l'écoute adaptative de S-MAC, cette méthode de T-MAC est plutôt active car le transmetteur

Précise le nœud récepteur qui doit rester.

2.1.2.2.4- B-MAC

BMAC (Berkey MAC) **[14]** a été développé par l'université de Berkeley et il est actuellement utilisé dans TinyOS avec la couche physique de la norme IEEE 802.15.4 pour les capteurs compatibles ZigBee. BMAC est basé principalement sur deux principes : l'analyse du bruit sur le canal radio et sur l'écoute basse consommation. Quand un nœud veut envoyer un paquet, il détermine si le canal radio est utilisé par un autre nœud ou pas en écoutant le "bruit" en se basant sur un indicateur de puissance du signal. S'il n'y a pas de bruit, le canal est libre et il peut donc émettre. Avant d'envoyer des données il doit émettre un préambule. Les nœuds sont en sommeil la plupart du temps et se réveillent à des intervalles réguliers comme illustré sur la figure 2.2. A leur réveil ils écoutent le bruit sur le canal radio. S'il n'y a pas de bruit sur le canal radio, le nœud retourne en sommeil. S'il y a du bruit, cela signifie que des données vont arriver (à cause du préambule). Le préambule doit être suffisamment long, pour que tous les nœuds (et donc les destinataires des données) puissent l'entendre. Ensuite quand les données commencent à arriver, les nœuds qui ne sont pas destinataires de ces données retournent en sommeil. Un des avantages de BMAC est qu'il ne nécessite pas de synchronisation entre les nœuds.

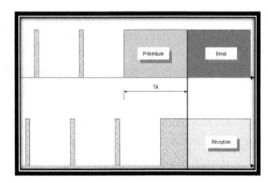

Figure 2.2: principe fonctionnement BMAC

2.1.2.3-Les protocoles hybrides

2.1.2.3.1- Z-MAC

Z-MAC (*Zebra-MAC*) [15] est un protocole hybride pour les réseaux de capteurs sans fil .Il se comporte comme CSMA/CA dans le cas d'une faible contention et comme TDMA dans le cas d'une contention élevé. Un nœud peut transmettre dans n'importe quel slot .Comme dans CSMA/CA, avant qu'un nœud ne transmette dans un slot, il écoute la porteuse et transmet quand un slot est libre. Chaque slot a un propriétaire qui a plus de priorité pour accéder au canal .La priorité est implémentée en donnant une période du backoff plus petite pour ces nœuds .Le but est que durant les slots où les propriétaires ont la chance de transmettre, Z-MAC réduit les collisions puisque les propriétaires ont la chance de transmettre avant les autres. En effet, pour accéder au médium, si le nœud est le propriétaire du slot courant, il attend un temps aléatoire plus petit qu'une valeur To puis effectue un CCA. Si le canal est libre, il émet. Sinon, il attend que le canal devienne libre et il recommence la même démarche. Si le slot actuel appartient à un voisin à deux sauts et si le nœud a reçu une indication de forte contention d'un de ses voisins à deux sauts, le nœud n'a pas le droit d'utiliser ce slot. Sinon, il attend un temps aléatoire compris entre To et Tno avant d'effectuer un CCA .Mais quand un slot n'est pas utilisé par son propriétaire, les autres peuvent l'utiliser. Ce système de priorité a l'effet de passage entre CSMA/CA et TDMA explicitement et dépendamment du niveau de contention .Sous une contention faible, les nœuds non propriétaires du slot sont permis à transmettre dans n'importe quel slot avec une petite priorité, ce qui peut toujours causer des collisions à cause des nœuds cachés. Quand un nœud commence à sentir plus de contention (détecté par les pertes répétées des paquets d'acquittement, il ne peut plus s'activer dans un slot de ses voisins à deux sauts .Quoique ce protocole soit facile et rapide à s'adapter aux conditions de trafic, la synchronisation des nœuds reste un problème à cause de la grande densité des nœuds dans les réseaux de capteurs.

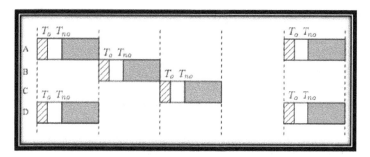

Figure 2.3: Découpage temporel du Z-MAC [16]

2.2- Les protocoles de routage

Le routage dans les réseaux Ad-Hoc [19] présente des défis plus complexes en comparaison avec le routage dans les réseaux filaires traditionnels. En effet, une stratégie intelligente de routage est nécessaire pour supporter la nature et les paramètres du réseau (la mobilité, le nombre de nœuds, la densité du trafic, la qualité des services et la superficie du réseau). Dans ce contexte, le groupe de travail MANET [20] a défini trois types de protocoles : les protocoles proactifs, les protocoles réactifs et les protocoles hybrides.

2.2.1- Les protocoles de routage proactifs

Dans les protocoles proactifs , les routes sont établies à l'avance avant que la demande en soit effectuée. Ils se reposent sur les principes du routage basé sur l'état des liens (*Link-State*) (McQuillan, Richer et Rosen, 1979) ou basé sur les vecteurs de distance (*Distance Vector*) déjà utilisés dans les réseaux filaires (Perlman, 2000). Parmi les protocoles de routages proactifs les plus connus on citera le DSDV, FSR, OLSR [21].

2.2.1.1-OLSR

Optimized Link State Routing (Clausen et Jacquet, 2003) est un protocole de routage proactif basé sur l'état des liens pour les réseaux sans fil Ad-Hoc. Ce protocole a été choisi par le groupe de travail MANET de l'*Internet Engineering Task Force* (IETF) comme l'un des principaux protocoles de routage pour les réseaux Ad-Hoc.

L'avantage d'OLSR est qu'il utilise une technique optimisée basée sur des nœuds appelés relais multipoints MPR (*MultiPoint Relays*) pour une diffusion optimisée des messages de contrôle. Ceci réduit considérablement la charge du trafic dans le réseau. Les relais multipoints sont choisis après la phase de découverte des voisins de tous les nœuds du réseau en utilisant les messages HELLO. Ces messages permettent à chaque nœud d'avoir une vision de ses voisins immédiats et les voisins à 2-sauts. Le choix des MPR se fait alors en se basant sur les informations échangées avec les messages HELLO. Un autre type de message de contrôle de topologie TC (*Topology Control*) permet pour chaque nœud de diffuser à travers le réseau, la liste des nœuds qu'ils l'ont choisi comme MPR. Grâce aux messages TC, tous les nœuds calculent leur table de routage pour chaque destination dans le réseau. Ce protocole sera détaillé dans la section 3.2.2 du chapitre 3.

2.2.2- Les protocoles de routage réactifs (à la demande)

Ce sont des protocoles dans lesquels la mise à jour ou le contrôle des routes se fait à la demande. Lorsqu'un nœud a besoin d'une route pour communiquer avec le destinataire, une procédure de découverte de route par inondation est lancée dans tout le réseau. Grâce à cette méthode, les nœuds du réseau ne génèrent aucun trafic de contrôle sans qu'il soit nécessaire. Ceci permet de réduire la charge du trafic dans le réseau. Le protocole DSR est un exemple de protocole de routage réactif que nous allons détailler dans la section 3.2.1.

2.2.2.1- DSR

Le protocole Dynamic Source Routing (DSR) est un protocole de routage réactif unicast, simple et efficace, dédié aux réseaux Ad Hoc mobile multi-sauts. DSR est composé principalement de deux mécanismes : Route Discovery et Route Maintenance. Le premier permet de déterminer automatiquement les routes nécessaires à la communication entre nœuds, tandis que le second permet de s'assurer de la correction des routes tout au long de leur utilisation [17].

2.2.3- Les protocoles de routages hybrides

Le protocole hybride combine les mécanismes des protocoles proactifs et réactifs. Dans cette approche, les protocoles hybrides utilisent les méthodes proactives (messages périodiques de contrôle) pour découvrir les routes dans un voisinage prédéfini et utilisent les techniques d'inondation des protocoles réactifs pour obtenir les routes vers les nœuds lointains.

2.2.3.1- Protocole ZRP

ZRP (*Zone Routing Protocol*) (Haas et Pearlman, 1998; Hass, Pearlman et Samar, 2002) est un protocole de routage dit hybride qui utilise à la fois un routage proactif et un routage réactif dans le but de combler les problèmes spécifiques à ces deux types de routage. Cela est possible grâce à la notion de zone.

Une zone regroupe l'ensemble des nœuds se trouvant à une distance maximum de X sauts du nœud de référence. A l'intérieur d'une zone, le routage s'effectue de façon proactive. Par contre, le routage de cette zone vers des nœuds extérieurs se fait de façon réactive.

ZRP est donc basé sur deux procédures : IARP (protocole de routage intra zone) et IERP (protocole de routage interzone).

A travers IARP chaque nœud apprend la distance qui le sépare de chaque autre nœud présent dans sa zone. IERP établit des liens entre nœuds dont la distance est supérieure au rayon de zone . Il s'appuie sur le protocole BRP qui définit la frontière des zones grâce à la technique de Bordercasting. Le Bordercasting est un processus d'émission de paquets IP (unicast ou multicast) à partir d'un nœud vers chacun des nœuds périphériques. En effet, *Neighbor Discovery Protocol* (NDP) met `a jour les tables de IARP, IERP utilise les tables de IARP, IERP relaie les *route requeste* avec BRP. BRP utilise les tables de l'IARP pour orienter les requêtes. Si la destination est dans la zone, la route est donnée par IARP, sinon une requête est faite par IERP. Une requête de route est envoyée aux nœuds périphériques avec BRP. Et ceci jusqu'"a atteindre la destination. Dans la figure 2.4, S veut envoyer un message à X, il ne trouve pas X dans sa zone avec IARP, il envoie une requête aux nœuds périphériques avec BRP. I ne le trouve pas dans sa zone, I envoie une requête à ses nœuds périphériques. T reçoit la requête et trouve X dans sa zone. T rajoute le chemin de lui vers X au chemin construit dans la requête et renvoie une réponse avec le chemin complet [40].

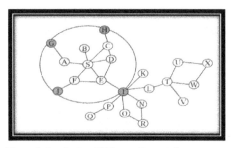

Figure 2.4: principe ZRP pour l'envoi d'un message

2.3-Conclusion

Nous avons présenté dans ce chapitre les sources les plus consommatrices d'énergie, ainsi, nous avons détaillé quelques protocoles au niveau MAC et au niveau réseau. Dans le chapitre suivant, nous allons choisir un protocole MAC et deux protocoles de routages pour détailler leurs principes de fonctionnement. Tout d'abord, nous allons choisi le protocole SMAC car il est plus performant que le protocole 802.11 en termes d'énergie, ensuite, nous allons choisi le protocole de routage DSR et OLSR car le réseau de capteurs est basé sur le routage multi-sauts.

Chapitre 3 : Le protocole S-MAC, DSR et OLSR

3.1-Introduction

La couche MAC représente la couche la plus importante pour la conservation d'énergie dans les réseaux de capteurs. Elle représente le mécanisme qui détermine qui peut transmettre et quand. Elle joue un rôle très important pour éviter la collision des paquets pendant la phase de transmission.

Dans ce chapitre, nous allons détailler le protocole SMAC de la couche MAC et le protocole DSR et OLSR de la couche réseau en discutant leurs apports en terme d'énergie.

3.2-Présentation de SMAC

S-MAC (Sensor-MAC) est un protocole de contrôle d'accès au médium(MAC) conçu pour les RCSFs, il a été proposé par le groupe de projet SCADDS à USC/ISI [33]. Il prend en charge la réduction de la consommation de l'énergie causée principalement par les collisions, *Idle Listening* et *Overhearing*. Au delà, nous pouvons comprendre que le protocole SMAC se distingue des autres protocoles traditionnels MAC dans les aspects suivants : l'efficacité énergétique et la capacité d'auto-configuration qui sont les principaux objectives, alors que les attributs comme la latence, fairness sont des objectives secondaires. Dans ce protocole, chaque nœud possède une période d'écoute et une période de sommeil de longueur constante. Durant la période de sommeil, chaque nœud peut transmettre et recevoir les données, alors que pendant la période d'écoute, les nœuds mettre leurs dispositif radio hors tension [38].

Figure 3.1: La période d'écoute et de sommeil

3.2.1-Principe de fonctionnement

Dans S-MAC, le temps est divisé en des frames (trames) de longueur fixe. Chaque frame est subdivisé en deux périodes : période active (Listen Period) et période de sommeil (Sleep Period). A son tour, la période d'écoute est subdivisée en trois phases [35] :

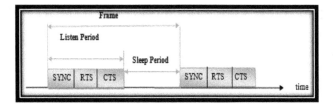

Figure 3.2: Les phases de S-MAC

🡣 Phase de Synchronisation : c'est la phase la plus importante, elle sert à éviter les collisions. Durant cette phase, les nœuds échangent des paquets SYNC. Dans ces paquets, chaque nœud décrit son propre Schedule.

🡣 Phase des RTS : Si les nœuds ont des informations à transmettre ils vont émettre leurs RTS, si non ils restent en écoute pour la réception probable d'un RTS. Les nœuds contentent pour l'envoie de leurs RTS en utilisant CSMA/CA.

🡣 Phase des CTS : durant cette phase, les nœuds émetteurs des RTS dans la phase précédente, restent en écoute en attendant les CTS. Si un nœud reçoit le CTS, il commence à émettre ses paquets alors que les nœuds récepteurs des RTS dans la phase précédente, se contentent entre eux pour émettre leurs CTS.

3.2.2-Ecoute et sommeil périodique

Pour réduire la consommation d'énergie, la principale technique utilisée dans SMAC est de forcer chaque nœud du réseau de se mettre mode veille de périodiquement. Pendant la période de sommeil, le nœud éteint son dispositif radio et établi *un timer* pour se réveiller ultérieurement, de cette façon, une grande quantité de consommation d'énergie inutile causée par Idle Listen peut être évité. Au cours de la période d'écoute, le nœud peut commencer à envoyer ou recevoir des paquets si nécessaire. Nous appelons un cycle complet d'écoute et de sommeil une *Trame ou Frame* .Dans ce contexte, S-MAC propose un paramètre « duty cycle » qui est contrôlable par l'utilisateur, dont sa valeur est le rapport entre la période d'écoute et la longueur de trame.

$$Duty\ Cycle = \underline{\hspace{3cm}} \qquad (3)$$

La période d'écoute est normalement fixée selon l'application et la couche MAC. L'utilisateur peut ajuster la valeur du « duty cycle » de 1 à 100% pour contrôler la longueur de la période de sommeil. Pour plus de simplicité, la valeur du « duty cycle » est la même pour tous les nœuds du réseau. La période d'écoute est divisée en deux parties : la première période est appelée SYNC, il est conçu pour les paquets SYNC qui sont les paquets utilisés pour résoudre les problèmes de synchronisation entre les nœuds voisins et la deuxième période est appelée période de données (Data Period) et il est conçu pour la transmission des paquets de données. Le format de la trame (frame) est représenté dans la figure 3.3.

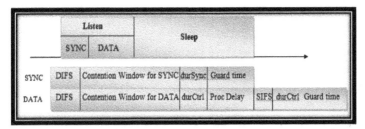

Figure 3.3: Format de la trame (frame)

Tous les nœuds sont libres à choisir leur propre schedule. Pour réduire le contrôle Overhead, il est préférable de synchroniser les nœuds voisins ensembles, autrement dit, ils écoutent en même temps et se mettent en mode sommeil en même temps. Dans un réseau multi-saut, tous les nœuds voisins peuvent se synchroniser ensemble. En fait, les nœuds échangent leur schedule par la diffusion périodique d'un paquet SYNC vers leurs voisins immédiats, cela assure la communication entre tous les voisins, même s'ils ont des schedules différentes.

3.2.3-Evitement des collisions

Si plusieurs nœuds voisins veulent communiquer avec un nœud en même temps, ils vont essayer d'envoyer quand le nœud commence à écouter. Dans ce cas, ils ont besoin d'effectuer une contention pour éviter les collisions sur le canal. Parmi les protocoles qui ont travaillé sur l'évitement de collision, on trouve la norme 802.11. En fait, S-MAC suit les mêmes procédures du 802.11, y compris Virtual Carrier Sens, Physical Carrier Sens et CSMA/CA (échange du RTS/CTS).donc, S-MAC a adopté le mécanisme du RTS/CTS pour résoudre le problème de station caché.

> ➔ *Virtual Carrier Sens :* chaque paquet transmis contient un champ durée indiquant combien de temps la transmission va occuper le canal. Alors, si un nœud reçoit un paquet destiné à un autre nœud, il détermine combien de temps il va rester en sommeil. Le nœud enregistre cette valeur dans une variable appelée *Network Allocation Vector* (*NAV*) et établit un temporisateur puis entre en sommeil jusqu'à son expiration. Quand un nœud a des données à envoyer, il consulte, tout d'abord, son *NAV*, Si sa valeur n'est pas nulle, il détermine que le canal est occupé [10].

⬥ **Physical Carrier Sens:** Il est effectué au niveau de la couche physique en écoutant le canal pour des transmissions possibles. La procédé comprend une période aléatoire d'écoute de la porteuse (Carrier sens), qui est très importante pour éviter les collisions [10].

Le canal est déterminé comme libre si Virtual Carrier Sens et Physical Carrier Sens indiquent qu'il est libre. Dans ce cas, le nœud utilise le CSMA/CA pour la contention sur le canal avec les autres nœuds qui veulent aussi transmettre. Tous les nœuds expéditeurs effectuent le *Carrier Sens* avant de faire une transmission. Si un nœud échoue a obtenir le canal, il s'endort (se mettre en veille) et se réveille quand le récepteur sera libre et écoute à nouveau. Les paquets de diffusion (Brodcast Packet) sont envoyés sans utiliser le mécanisme RTS/CTS, alors que les paquets unicast suivre la séquence suivante : RTS/CTS/DATA/ACK entre l'expéditeur et le récepteur. Dans S-MAC, les nœuds préfèrent coordonner leurs Schedule de veille plutôt que dormir d'une façon aléatoire et autonome.

Dans ce qui suit, nous présentons deux techniques qui réduisent le gaspillage d'énergie due à l'Overhearing et le contrôle de l'Overhead.

3.2.4-Choix et maintient des schedules

Avant de commencer son écoute et veille périodiques, chaque nœud doit choisir un Schedule et l'échanger avec ses voisins par la diffusion des paquets *SYNC*. Chaque nœud maintient la table de Schedule qui stocke les Schedule de tous ses voisins connus. Les nœuds suivent les étapes ci-dessous pour choisir leurs Schedule et pour établir leur table de Schedule :

⬥ Un nœud écoute d'abord pour une période fixe du temps, qui est au moins la période de synchronisation. S'il ne reçoit aucun *SYNC* diffusé par un autre nœud, il choisit immédiatement son propre schedule et commence à le suivre. Pendant ce temps, le nœud essaye d'annoncer son schedule à ses voisins par la diffusion d'un paquet *SYNC*. La diffusion des paquets *SYNC* doit suivre le procédé normal de Carrier Sens pour réduire le risque d'avoir des collisions.

⬥ 2- Si le nœud reçoit un Schedule ou *SYNC* d'un voisin avant de choisir ou d'annoncer son propre Schedule, il suit ce Schedule et écarte son propre. Ensuite, le nœud va essayer d'annoncer son schedule lors de sa prochaine période d'écoute.

⬥ 3- Deux cas peuvent exister, Si un nœud reçoit un schedule différent après avoir choisit et annoncé son propre Schedule :

- Si le nœud n'a pas de voisins, il va jeter son propre Schedule et suivra le nouveau.
- Si le nœud à un ou plusieurs voisins, c'est à dire, il fait déjà partie d'un cluster virtuel du réseau, il adopte les deux schedules en se réveillant aux intervalles d'écoute de deux schedules différents.

Un nœud au bord d'un cluster virtuel doit suivre plusieurs Schedules, pour faire la liaison entre les clusters. Le problème qui apparaît ici c'est que ce nœud au bord a moins de temps sommeil puisqu'il se réveille à deux différents instants [10].

3.2.5-Maintien de la synchronisation

Avec le protocole SMAC, chaque nœud peut périodiquement se mettre en veille, la principale difficulté est alors de synchroniser les nœuds entre eux pour que la communication soit toujours possible.

La dérivation d'horloge peut causer des erreurs de synchronisation puisque l'écoute et le sommeil périodique sont coordonnés entre des nœuds voisins. Pour éviter ce genre de problème, les nœuds voisins doivent échanger périodiquement leurs Schedule pour empêcher la large dérivation d'horloge. La mise à jour des Schedule est faite par l'échange des paquets SYNC.

Le paquet *SYNC* est très court, il comprend l'adresse de l'expéditeur et le temps de son prochain sommeil. Après avoir reçu le paquet *SYNC*, les nœuds récepteurs vont adapter, immédiatement, leurs minuteries(Timers). La figure 3.4, montre que l'intervalle d'écoute du *nœud récepteur* est divisé en deux parties : la première partie est réservée pour recevoir les paquets *SYNC* et la seconde est réservée pour recevoir les paquets RTS et chacun de ses deux parties est divisé en plusieurs intervalles de temps (slots).

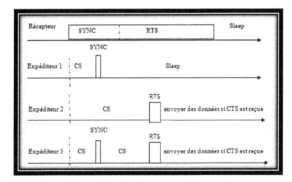

Figure 3.4: Relation de la synchronisation entre différents émetteurs et récepteurs

La figure 3.4 montre la relation de synchronisation de trois situations possibles dans lequel l'expéditeur transmet à un récepteur. *CS* est pour la détection de la porteuse (Carrier Sens). A partir cette figure, nous pouvons voir que l'expéditeur 1 envoie seulement un paquet *SYNC*, l'expéditeur 2 veut seulement envoyer des données et l'expéditeur 3 envoie un paquet *SYNC* et un paquet RTS.

3.2.6-Ecoute adaptive

Tout d'abord, nous allons définir le mécanisme *d'écoute adaptive*, qui est l'une des caractéristiques les plus importantes du protocole SMAC.

En fait, le mécanisme du schedule augmente la latence de l'envoi des paquets dans un réseau multi-sauts. Dans ce contexte, SMAC a proposé une technique importante appelée *écoute adaptative*, qui a pour but de diminuer la latence provoquée par le sommeil périodique de chaque nœud dans un réseau de multi-sauts. L'idée fondamentale de ce mécanisme est de permettre au nœud, qui a détecté une communication chez l'un de ses voisins, d'entrer en mode veille (jusqu'à l'expiration du NAV) et de se réveiller pendant une courte période juste après la fin de la communication . Si le nœud est la prochaine destination, alors son voisin peut lui transmettre immédiatement les données sans attendre la prochaine période d'écoute(son réveille) , de cette façon, les retards seront réduits. Si le nœud ne reçoit rien pendant la période d'écoute adaptative, il éteint son Transceiver (émetteur-récepteur) jusqu'à la prochaine période d'écoute. Si le temps entre la fin de la communication et le début de la prochaine période d'écoute est plus petit que la durée de l'écoute adaptative, alors cette technique ne sera pas établit et la priorité est donnée à la période d'écoute **[32]**.

3.2.7-Message Passing

Ce paragraphe décrit comment transmettre efficacement un message long. Un message est une collection des unités de données interdépendantes. Il peut être une longue série de paquets (message long) ou des paquets courts (message court) et habituellement, le récepteur doit obtenir tous les unités de données avant de les traiter.

Nous savons que la transmission d'un message long en utilisant un seul paquet de données est dangereuse. Même si quelques bits dans le paquet sont corrompus lors de la transmission, l'ensemble des paquets doivent être retransmis. Alors, cette méthode fait perdre beaucoup du temps et d'énergie. Par conséquent, SMAC adopte le mécanisme de fragmentation pour un message long appelé *Message Passing*. L'idée de base de cette approche est de fragmenter le message long en des nombreux petits fragments interdépendants et de les transmettre dans des *Burst*. Cela signifie qu'un seul pair de RTS/CTS est employé pour tous les fragments. RTS et CTS réservent le médium pour transmettre tous les fragments. Chaque fois qu'un fragment de données est transmis, le nœud source attend un accusé de réception(ACK) du récepteur. S'il ne le reçoit pas (fragment perdu), alors le fragment sera retransmis immédiatement et l'allocation du canal est prolongée de la durée d'un fragment et un ACK. Cependant, cette approche semble être non efficace pour les nœuds qui veulent envoyer un message court.

3.3-Les protocoles de routage plat (DSR et OLSR)

Le routage est une méthode d'acheminement des données de la source vers la destination dans un réseau de connexion. Le réseau de capteurs est un réseau sans infrastructure fixe. Alors, pour assurer la connectivité de ce réseau, chaque nœud est susceptible d'être mis à contribution pour participer au routage et pour retransmettre les paquets d'un nœud qui n'est pas en mesure d'atteindre sa destination directement ; tout nœud joue ainsi le rôle de poste de travail et de routeur. Chaque nœud peut découvrir les chemins existants afin d'atteindre les autres nœuds du réseau. Il est impossible qu'un nœud puisse garder les informations de routage concernant tous les autres nœuds, car le réseau peut être volumineux. Prenons le cas où le nœud destination se trouve dans la portée de communication du nœud source, le routage devient évident et aucun protocole de routage n'est initié, ce qu'on appelle envoi direct ou à un seul saut. Mais ce cas est généralement rare dans les réseaux de capteurs. La figure ci-dessous nous montre le cas où le nœud source veut transférer des informations à un autre nœud qui ne se trouve pas dans sa portée de communication. En fait, ce réseau est constitué de quatre nœuds. Le nœud *A* envoie directement un paquet à *B* sans besoin d'avoir un protocole de routage puisque B est dans la portée de communication de A (envoi direct). D'ailleurs, si le nœud *A* veut envoyer un paquet au nœud *D*, il doit passer par les nœuds intermédiaires *B* et *C* puisque *D* n'est pas dans la portée de *A. A* envoie le paquet à *B* ; *B* transmet le paquet à *C* ; *C*, à son tour, transmet le paquet à *D.* Cette technique est appelée routage *multi-sauts* (multi-hops).

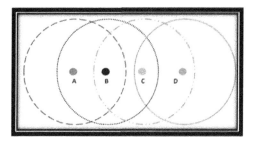

Figure 3.5: communication multi-sauts entre A et D

Il existe deux catégories de protocoles de routages : hiérarchique et non hiérarchique (plat). Dans la suite, nous intéresserons au protocole de routage *DSR* et OLSR (protocole non hiérarchique).

3.3.1-DSR (Dynamic Source Routing)

DSR est un protocole de routage réactif simple et efficace, il est spécialement conçu pour les réseaux sans fil Ad-hoc mobile multi-sauts. En utilisant DSR, qui est basé sur le routage de source, le réseau est complètement auto-organisé et auto-configuré et ne nécessite aucune administration. Dans ce type de routage, les entêtes des paquets de données portent une liste ordonnée des nœuds à travers lesquels le paquet doit passer. Ce qui signifie que les nœuds intermédiaires ont besoin juste de garder des traces de leurs voisins intermédiaires afin de transférer les paquets de données. Le nœud source a besoin de savoir l'ordre complet des nœuds jusqu'à la destination **[28] [17]**.

3.3.1.1-Le mécanisme de fonctionnement du protocole DSR

Le protocole DSR est constitué de deux mécanismes de base qui fonctionnent ensemble : Route Discovery et Route Maintenance.

+ ***Route Dicovery*** : il est utilisé, seulement, quand un nœud source (S) tente d'envoyer un paquet à un nœud destination (D) et ne connait pas la route qui l'amène vers lui. Pour lancer *Route Discovery*, le nœud source transmet un paquet de diffusion locale avec ID unique qui s'appelle « *Route Request* » vers tous les noeuds. Quand un nœud intermédiaire reçoit ce paquet, il cherche dans son cache de routes (similaire à la table de routage du AODV), où toutes ses routes connues sont stockées, une route contenant la destination demandée. S'il n'y a pas de route trouvée, le nœud transfère le paquet *Route Request* plus loin après avoir ajouté sa propre adresse à la séquence de nœuds stockée dans le paquet *Route Request*. Le paquet se propage dans le réseau jusqu'à l'arrivée à destination ou à un nœud possédant une route vers cette destination. Si une route est trouvée, un paquet *Route Reply* contenant la séquence de nœuds appropriée pour atteindre la destination est renvoyé en *unicast* au nœud source **[23]**.

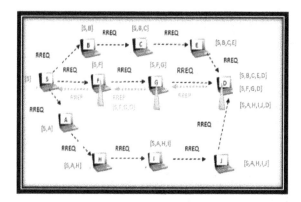

Figure 3.6: le mécanisme du « route discovery »

🔸 ***Route Maintenance*** *:* Quand le lien entre la source et la destination est interrompu, on aura un échec de la communication. Dans ce cas, le protocole DSR utilise mécanisme du « Route Maintenance » pour détecter toutes les routes connus possibles vers la destination afin de transmettre des données. Si le *Route Maintenance* ne parvient pas à trouver une route alternative connu pour établir la communication, il va invoquer *Route Discovery* pour trouver une nouvelle route vers la destination **[23].**

3.3.1.2-Les avantages et les inconvénients du DSR

Parmi les avantages du protocole DSR, on trouve :

🔸 Les routes sont maintenues seulement entre les nœuds qui ont besoin de communiquer.
🔸 Les nœuds intermédiaires utilisent également les informations du « cachette de routage » pour réduire le *Control Overhead* du la *Route Maintenance*.

Parmi les inconvénients du protocole DSR :

🔸 Le mécanisme du *Route Maintenance* ne peut pas réparer localement le lien interrompu.
🔸 La taille de l'entête d'un paquet augmente avec la longueur de la route à cause de routage source (source routing).
🔸 l'inondation(Flood) des *Route Requests* peuvent potentiellement atteindre tous les nœuds dans le réseau.
🔸 Les collisions potentielles entre les Route *Requests* sont propagées par les nœuds voisins.
🔸 Problème *Storm* du *Route Reply*
🔸 Les *Stale Caches* mèneront à augmenter Overhead.

3.3.2- OLSR (Optimized Link State Routing Protocol)

OLSR (protocole à état de liens optimisé) **[29]** est un protocole de routage proactif, conçu pour les réseaux Ad-hoc. Il représente une optimisation du principe de routage à état de lien. Dans un protocole à état de lien, chaque nœud déclare ses liens directs avec tous ses voisins à tout le réseau. Alors qu'avec le protocole OLSR, les nœuds ne vont déclarer qu'un sous ensemble de liens avec ses voisins qui sont les relais multipoints MPR. Les nœuds OLSR échangent périodiquement des messages de contrôle et maintiennent des routes pour atteindre tout nœud OLSR du réseau.

3.3.2.1-Fonctionnement du protocole OLSR

OLSR est un protocole qui est très bien adapté aux réseaux larges et denses. Il ne possède pas une unité centrale, aussi, il communique par UDP. OLSR offre des routes optimales en termes de nombre de sauts dans le réseau. Il utilise aussi un mécanisme de diffusion optimisé en utilisant des relais multipoints (MPRs). Ceci permet à chaque nœud d'avoir une vue de la topologie et ainsi utiliser un algorithme de plus court chemin pour calculer sa table de routage vers toutes les destinations **[24]**. Il faut noter que l'OLSR utilise 4 types de messages :

- HELLO : utilisée pour la détection de voisinage (**Annexe II**).
- TC : diffusent les informations de topologie (**Annexe II**).
- MID : permettent de publier la liste des interfaces de chaque nœud
- HNA : utilisés pour déclarer les sous réseaux et hôtes (hors MANET) joignables par un nœud jouant le rôle de passerelle.

En fait, le protocole OLSR optimise l'algorithme à « état des liens » (un nœud découvre ses voisins, et informe tout le réseau de son voisinage par diffusion) pour les réseaux mobiles ad-hoc en réduisant la taille des paquets de contrôle et en minimisant l'inondation du trafic des paquets de contrôle. Dans les protocoles à état de lien, chaque nœud déclare ses liens directs avec ses voisins à tout le réseau alors qu'avec L'OLSR, les nœuds ne déclarent qu'une sous-partie de leur voisinage grâce à la technique des relais multipoints.

Dans ce qui suit, nous allons détailler le fonctionnement de protocole OLSR en commençant d'abord par la détection de voisinage (en s'intéressant à l'échange des messages HELLO) puis la sélection des relais multipoints.

3.3.2.1.1-Découverte de voisinage

Pour accomplir le choix des relais multipoint, chaque nœud doit déterminer ses voisins symétriques directs, mais vue la mobilité des réseaux Ad hoc, certaines liens peuvent devenir asymétriques, par conséquent, il faut tester tout les liens dans les deux sens avant de les considérer valides. Dans le but de découvrir les nœuds voisins, chaque nœud envoie périodiquement à tous ses voisins des messages HELLO. Ces messages contiennent les informations concernant les nœuds voisins, les nœuds qui sont choisis comme MPR (c.-à-d. *MPRSelector set*) et la liste des nœuds qui sont déclarés par ce nœud comme asymétriques.

On peut classifier les liens entre deux nœuds en trois catégories :

- ⁜ Asymétrique : un lien est dit asymétrique si le premier nœud reçoit les messages de l'autre nœud mais il n'a pas reçu la confirmation que l'autre nœud l'entend.
- ⁜ Symétrique : un lien est dit symétrique si chaque nœud entend l'autre.

La Figure 3.7 décrit le processus de découverte des voisins entre deux nœuds A et B. tout d'abord, le nœud envoie à B un message HELLO qui ne contient aucune information. Une fois B reçoit ce message, il enregistre A comme voisin asymétrique car B ne trouve pas son adresse dans le message. Le nœud B envoie par la suite un message HELLO déclarant qu'il entend A. ce dernier trouve son adresse dans le message et enregistre B comme voisin symétrique. A son tour, B trouve son adresse dans le message HELLO de A et déclare ce dernier comme voisin symétrique **[27]**.

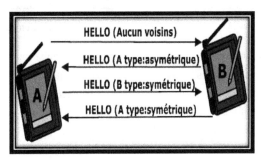

Figure 3.7: principe détection du voisinage

3.3.2.1.2-Sélection des relais multipoints

Rappelons que la technique d'inondation consiste à diffuser des messages à tous les nœuds dans un réseau. Avec cette technique, chaque nœud renvoie une copie du message qu'il reçoit pour la première fois à tous ces voisins immédiats. Ce mécanisme a un impact sur les ressources du réseau en termes de bande passante. Dans ce contexte, le protocole OLSR utilise une technique appelée inondation par relais multipoints pour optimiser la diffusion à travers le réseau et ainsi réduire la charge du trafic.

Les relais multipoints consistent essentiellement, en un nœud donné, à ignorer un ensemble de liens et de voisins directs, qui sont redondants pour le calcul des routes de plus court chemin : plus précisément, dans l'ensemble des voisins d'un nœud, seul un sous-ensemble des ces voisins est considéré comme pertinent [25]. Il est choisi de façon à pouvoir atteindre tout le voisinage à deux sauts (tous les voisins des voisins), cet ensemble est appelé l'ensemble des relais multipoints. Un algorithme de calcul de relais multipoints est donné dans [26].

De cette façon, chaque nœud du réseau génère périodiquement des messages HELLO avec une durée de vie TTL=1. Ces messages sont reçus par les voisins à 1-saut.

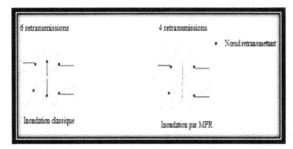

Figure 3.8 : Diffusion par inondation classique vs inondation par MPR

La figure 3.8 donne un exemple de gain en nombre de retransmissions sur un graphe simple. Supposons que le nœud qui est au centre émette un message, et que pour diffuser cette information au réseau ses voisins répètent cette information. Dans le premier graphique à gauche, où tous les voisins d'un nœud retransmettent, six répétitions (les nœuds en noirs) sont nécessaires. Par contre, en utilisant la retransmission par les relais multipoints seuls (à droite), on économise deux retransmissions.

3.3.2.2-Gestion de la topologie

Vu que dans les réseaux Ad hoc, la topologie est totalement distribuée et les nœuds peuvent se déplacer, se connecter et se déconnecter facilement du réseau. Alors, il est indispensable de vérifier à chaque fois la topologie du réseau. Le contrôle de la topologie ne se fait que par les nœuds élus comme MPR. Ces nœuds diffusent périodiquement des messages de contrôle de la topologie TC (Topology Control). Le message TC contient l'adresse de générateur du message, l'adresse du nœud destinataire, le numéro de séquence et la durée de vie du message. Il envoi dans ce message l'ensemble des nœuds qui ont sélectionné ce nœud comme MPR (MPR selector_set). Cette information va aider les autres nœuds à construire leur table topologique, puis leur table de routage (**Annexe II**).

3.3.2.3-Calcul des routes

Chaque nœud maintient une table de routage qui lui permet d'acheminer les paquets vers un destinataire. Ces tables de routage sont calculées grâce à l'algorithme de plus courte chemin de Dijkstra (Dijkstra, 1959) en se basant sur les informations conservées par les nœuds et aussi les informations fournies par des messages de contrôle TC. Ces tables de routage sont recalculées à chaque changement survenu dans la topologie et ainsi permettre à jour les routes vers toutes les destinations dans le réseau.

3.4-Conclusion

Dans ce chapitre, nous avons détaillé le protocole *SMAC* au niveau la couche MAC et son apport en terme d'énergie et les deux autres protocoles du la couche réseau : *OLSR et DSR*, leurs principes de fonctionnement et leurs apports en terme de conservation d'énergie. Ces trois protocoles font l'objet de notre simulation dans le chapitre suivant, afin d'évaluer leurs performances.

Chapitre 4 : Simulation et évaluation des performances

4.1-Introduction

L'évaluation d'un réseau réel est très couteuse et difficile parfois. Pour cela, nous allons recours à l'outil de simulation ns-2 qui nous offre la possibilité d'extraire facilement les résultats et d'évaluer les performances du réseau [36].

Dans ce chapitre, nous allons en premier lieu, présenter la plate-forme logicielle que nous allons utiliser pour nos simulations (ns-2), ensuite, nous allons présenter les contextes des simulations et les problèmes rencontrés lors la simulation résultats. Ainsi, les paramètres de l'environnement de simulation et finalement, nous allons présenter et discuter les résultats obtenus.

4.2- Environnement de simulation

Network Simulator est un logiciel de simulation à événements discrets, open source exécutable sur les plates formes FreeBSD, Linux, Solaris, Mac et Windows via Cygwin. Il a été développé dans le cadre du projet VINT qui regroupe plusieurs laboratoires de recherches comme AT&T institut de recherche à Berckeley (ACIRI), Xerox PARC ET Sun Microsystems [36].

Ce simulateur est développé en *OTCL* qui permet d'écrire des scripts décrivant la topologie du réseau et les communications entre les nœuds et *C++* pour l'implantation des différents protocoles et modules. Il utilise le langage TCL [45] [46] comme langage de création des scénarios de simulation. Il permet la simulation des protocoles d'application (Telnet, FTP, etc.), de transport (TCP, UDP), de protocoles de routage pour des réseaux filaires (Distance vector, Link State) ou sans fil (DSR, DSDV, TORA, AODV), MAC (IEEE 802.11, TDMA, CSMA, etc). Comme résultat de simulation, NS-2 fournit deux fichiers traces avec les extensions (.tr) [43] et (.nam). Le premier fichier s'utilise dans l'évaluation des performances des protocoles simulés, et cela par des scripts écrits en AWK ou en PERL [44] et le deuxième est exploité par l'outil "Network Animator" pour la visualisation du réseau simulé [20].

4.3- Préparation pour la simulation du SMAC

Pour simuler SMAC sous ns-2.33, nous devons, tout d'abord, créer un script tcl. Nous prenons comme exemple, *un réseau linéaire de neuf-hop*. Le scénario de cet exemple est décrit ci-dessous.
Topologie : les 10 nœuds SMAC forment un réseau sans fil linéaire de neuf-hop [32], comme indiqué dans la figure 4.1. Chaque nœud peut écouter seulement ses voisins immédiats, par

exemple, le nœud 3 peut écouter le nœud 2 et 1. Nœud 0 (premier nœud) est désigné comme nœud source et nœud 10(dernier nœud) est désigné comme nœud puit (Sink node).

Protocole de Routage : **DSR** (Dynamic Source Routing), **OLSR** (Optimised Link State Routing Protocol)

Modèle de Trafic : les paquets sont envoyés à partir du nœud source au nœud sink. La taille des paquets est fixée à 512 octets.

Programmation : le simulateur commence à générer à 50 s et s'arrête à 700 s.

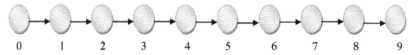

Figure 4.1 : Réseau sans fil linéaire de neuf-hop avec une source et un sink

4.3.1- Les paramètres SMAC

Tous les paramètres SMAC peuvent être trouvés et modifiés dans l'entête du fichier smac.h, y compris les paramètres SMAC réglables par l'utilisateur et les paramètres de la couche physique. D'autres paramètres seront affectés au début de la simulation parce que leurs valeurs dépendent de certains paramètres interactifs. Par exemple, le temps de sommeil et le temps de frame dépendent de la valeur du « duty cycle » qui est déjà définie dans le script tcl.

Nous appelons ces paramètres « paramètres interactifs » car ils sont définis dans le script tcl de façon interactive. Tous les paramètres interactifs sont énumérés dans le tableau 4.1.

Nom	Commentaire
syncFlag_	S'il est mis à 1, SMAC fonctionne avec sommeil périodique. S'il est mis à 0, SMAC fonctionne sans sommeil périodique.
dutyCycle_	La valeur du « duty cycle » est en pour cent. Il contrôle la durée du sommeil. S'il n'est pas défini, ns-2 va utiliser la valeur par défaut qui est 10%. Ce paramètre est actif uniquement lorsque syncFlag est mis à 1.
selfConfigFlag_	S'il est mis à 0, le temps du début de la première écoute pour chaque nœud est configurable par l'utilisateur.

Tableau 4.1 : Les paramètres interactifs du SMAC

4.3.2-Modification du protocole SMAC

Wei ye **[10]** a utilisé le protocole de routage DumpAgent puisque sa topologie est formée par 2 nœuds. En fait, dumbAgent est utilisé si seulement si le nœud destination et le nœud source sont des voisins immédiats (direct) et la distance entre eux est un seul saut.

Dans cette partie, nous allons utiliser le script smac fourni par Vijay Kakadia **[41]** afin de corriger les erreurs rencontrés lors de la simulation [pour plus de détails voir 4.3.4], ainsi, nous allons le modifier.

Tout d'abord, nous allons apporter une modification sur la topologie du réseau en augmentant le nombre des nœuds (10 nœuds au lieu de 2 nœuds) et cette augmentation nécessite l'utilisation d'un protocole de routage, donc nous allons remplacer le protocole de routage à 1 seul saut Dumbagent par deux autres protocoles multi-sauts qui sont : DSR et OLSR, puis nous allons effectuer une comparaison entre eux afin de choisir celui qui consomme moins d'énergie. Ainsi, nous allons ajouter au smac.tcl une fonction qui positionne chaque nœud dans la topologie, aussi, nous allons ajouter une autre fonction qui nous permet de visualiser dans l'animateur Nam le mouvement des nœuds et le transfert de paquets.

Pour la simulation sans fil, un script tcl commence par la définition des variables de déclarations tcl. En effet, ces variables sont utilisés pour stocker les paramètres de simulation. Chaque paramètre est stocké dans une variable tcl en utilisant la commande set :

```
set opt(chan)          Channel/WirelessChannel      ;# type du channel

set opt(prop)          Propagation/TwoRayGround     ;# modèle de propagation radio

set opt(netif)         Phy/WirelessPhy              ;# type d'interface réseau

set opt(mac)           Mac/SMAC                     ;#type du  MAC

set opt(ifq)           Queue/DropTail/PriQueue      ;# type ifq

set opt(ll)            LL                           ;# type du couche

set opt(ant)           Antenna/OmniAntenna          ;# model Antenna

set opt(x)             800                          ;# la dimension X du topographie

set opt(y)             800                          ;# la dimension Y du topographie

set opt(ifqlen)        50                           ;# le max des paquets dans ifq

set opt(nn)            10                           ;# nombres des nœuds

set opt(seed)          0.0

set opt(stop)          700.0                        ;# temps de la simulation

set opt(tr)            smac.tr                      ;# fichier de trace

set opt(nam)           smac.nam                     ;# fichier d'animation

set opt(rp)            DSR                          ;# script du protocole de routage

set opt(energymodel)   EnergyModel      ;

set opt(radiomodel)        RadioModel    ;

set opt(initialenergy) 1000                         ;# l'énergie initiale en joules
```

Le code suivant configure les paramètres du protocole SMAC :

```
Mac/SMAC set syncFlag_         1        ; # active les cycles sleep listen
Mac/SMAC set selfConfigFlag_   1        ; # désactiver user-configurable schedule
Mac/SMAC set dutyCycle_        10       ; # SMAC with 10% duty cycle
```

Les étapes suivantes sont assez communes pour toutes les simulations sans fil :

```
set ns_ [new Simulator]              ; # créer une instance du simulateur
set topo [new Topography]            ; # créer un objet topographie sans fil
set tracefd [open $opt(tr) w]        ; # ouvrir le fichier de trace défini avant
set namtrace [open $opt(nam) w]      ; # indiquer la longueur et la largeur de la topographie
set prop [new $opt(prop)]
set chan [new $opt(chan)]
$topo load_flatgrid $opt(x) $opt(y)
ns-random 1.0
$ns_ use-newtrace
$ns_ trace-all $tracefd              ; # tracer tous les événements lors de la simulation
$ns_ namtrace-all-wireless $namtrace 500 500
create-god $opt(nn)
```

L'instruction suivante définit la valeur de départ aléatoire pour un générateur de nombre aléatoires. Si on veut que ns-2 produit des résultats différentes à chaque fois qu'on exécute le code tcl, alors il faut que la valeur de départ (seed) devrait être zéro.

```
ns-random        0              ; simulations independents
```

La prochaine étape est la configuration du nœud. Dans les simulations filaires, nous créons des nœuds objets directement en utilisant directement la configuration du nœud par défaut. Mais dans les simulations sans fil, et avant la création des objets, nous devons préciser explicitement tous les éléments nécessaires pour un objet nœud. Les paramètres de configuration du nœud sont stockées dans les variables tcl (en forme de opt()). La commande de configuration du nœud est représentée ci-dessous. Les autres options sont facile à comprendre en fonction de leurs noms.

```
$ns_ node-config -adhocRouting $opt(rp) \
                -llType $opt(ll) \
                -macType $opt(mac) \
                -ifqType $opt(ifq) \
                -ifqLen $opt(ifqlen) \
                -antType $opt(ant) \
                -propType $opt(prop) \
                -phyType $opt(netif) \
                -channel $chan \
                -topoInstance $topo \
                -agentTrace ON \        ;# tracer au niveau agent activé
                -routerTrace ON \       ;# tracer au niveau routeur activé
                -macTrace ON \          ;# tracer au niveau MAC
                -energyModel $opt(energymodel) \
                -idlePower 1.0 \
                -rxPower 1.2 \
                -txPower 1.0 \
                -sleepPower 0.001 \
                -transitionPower 0.2 \
                -transitionTime 0.005 \
                -initialEnergy $opt(initialenergy)
```

Après la configuration du nœud, chaque modèle de composant à l'intérieur du nœud est également configurable. Ns-2 a mis tous les paramètres par défaut dans le fichier ns-2.33/tcl/lib/ns-default.tcl. La valeur par défaut pour la portée de communication est 250 mètres. Après la configuration du nœud, les nœuds réels peuvent être crées comme suit :

```
for {set i 0} {$i < $opt(nn) } {incr i} {
        set node_($i) [$ns_ node]
        $node_ ($i) random-motion 0  }     ;# disable random motion
```

Ensuite, on va positionner chaque nœud dans la topologie que nous avons défini auparavant. Ce scénario de simulation exige que chaque nœud puisse écouter ses voisins immédiats. La portée de transmission radio par défaut est 250 mètres. Nous avons donc besoin d'espacer les nœuds à 200 mètres. Le code suivant crée la topologie de ce scénario :

```
for {set i 0} {$i < $opt(nn) } {incr i} {

    $node_($i) set  Z_ 0.0

    $node_($i) set  X_ [expr 50.0+[expr 200.0*$i]]

    $node_($i) set  Y_ 100.0

}
```

En premier lieu, nous utiliserons DSR comme protocole de routage après nous utiliserons OLSR.

```
for {set i 0} {$i < $opt(nn)} {incr i} {

  set dsr($i) [new Agent/DSRAgent]   ;# créer un agent DSR

  $dsr($i)  node $node_($i)

  $dsr($i) rt_rq_max_period 100   ;# indique le temps max entre request et route

  $dsr($i) rt_rq_period 30   ;# indique la longeur d'une période backoff (période de contention)

  $dsr($i) send_timeout 300  ;# indique combien de temps le paquet peut rester dans sendbuf

}
```

La prochaine étape est de définir le modèle de trafic. Nous devrions mettre en place un agent à la couche transport. Mais quel est l'agent le plus convenable, UDP ou TCP qu'on peut utiliser ? En fait, UDP est le meilleur choix car il est assez simple et sans connexion. Le code suivant crée un agent UDP et lui attache au nœud source. En conséquence un agent NULL est crée et rattaché au nœud sink. Après nous connectons l'agent UDP et l'agent NULL ensemble, ce qui établit un chemin virtuel entre le nœud source et le nœud sink.

```
set  udp_(0) [new Agent/UDP]                ;# créer un nouveau agent UDP

$ns_ attach-agent $node_(0) $udp_(0)        ;# attacher l'agent UDP au nœud source

set null_(0) [new Agent/Null]               ;# créer un nouveau agent NULL

$ns_ attach-agent $node_(2) $null_(0)       ;# attacher l'agent UDP au noeud sink

$ns  connect $udp_(0) $null_(0)             ;# connecter UDP au NULL
```

Pour générer des paquets au niveau nœud source, nous devons créer un trafic et l'attacher à l'agent UDP. Le code suivant crée un trafic CBR.

```
set cbr_(0) [new Application/Traffic/CBR]

$cbr_(0) set packetSize_ 512        ;# taille des paquets est égale à 500 octets

$cbr_(0) set interval_ 10.0         ;# temps d'inter-arrivée est égale à 10 seconde

$cbr_(0) set random_ 1

$cbr_(0) set maxpkts_ 50000         ;# nombre maximum de parquets pour générer

$cbr_(0) attach-agent $udp_(0)

set null_(0) [new Agent/Null]

$ns_ attach-agent $node_(9) $null_(0)

$ns_ connect $udp_(0) $null_(0)
```

Quand la simulation commence, un ordonnanceur (sheduler) sera créé pour contrôler le processus de simulation. Dans le script tcl, nous devrions dire à l'ordonnanceur le moment exacte où un certain événement devrait se produire. Ces événements sont décrits dans les commentaires suivants :

```
$ns_ at 50.00 "$cbr_(0) start"          ;#quand CBR commence

for { set i 0} {$i < $opt(nn) } {

    ns_initial_node_pos $node_($i) 30 }    ;# define la taille des noeuds dans le Nam

for {set i 0} {$i < $opt (nn)} {incr i} {   ;# quand les noeuds s'arrêtent

    $ns_ at $opt (stop) "$node_ ($i) reset";}
```

Dans tous les scripts tcl pour ns-2, la dernière déclaration doit être :

```
$ns_ run
```

4.3.3- les modes du SMAC

Mode 1 : SMAC sans sommeil périodique

Si le paramètre *syncFlag* est réglé sur *0* et si on exclut le code JOURNAL_PAPER, alors SMAC travaillera sous ce mode (**Voir Annexe I**).

Mode 2 : SMAC avec sommeil périodique, mais sans écoute adaptive

Si le paramètre *syncFlag* est réglé sur *1* et si on inclut le code JOURNAL_PAPER, alors SMAC travaillera sous ce mode. Dans ce mode, on désactive la fonction Adaptive listening qui existe dans le code source smac.cc **(Voir Annexe I)**.

Mode 3 : SMAC avec sommeil périodique et avec écoute adaptive

Si le paramètre *syncFlag* est réglé sur *1* et si on inclut le code JOURNAL_PAPER, alors SMAC travaillera sous ce mode. Dans ce mode, on activer la fonction Adaptive listening qui existe dans le code source smac.cc **(Voir Annexe I)**.

Mode 4 : SMAC avec « duty cycle » différents

Varier la valeur du « duty cycle » qui existe dans le script TCL, après comparer les deux « duty cycle » différents. Si le « duty cycle » varie, alors son temps d'écoute varie aussi.

4.3.4- les problèmes du SMAC et leurs solutions sous ns-2.33

Nous avons trouvé les problèmes et les bugs suivants, lors de l'exécution du code SMAC :

Problème : Cancelling CS-node

Solution : ce problème apparait avec la version du ns-2.9, pour cela, j'ai passé à utiliser la version ns-2.33.

Problème : Node 0 is not defined

Solution : pour résoudre ce problème, il suffit d'ajouter le code suivant : for {set i 0} {$i < $opt(nn)} { incr i } { $ns_ initial_node_pos $node_($i) 30}. Ce code défini la position initiale du nœud dans nam.

Probléme: Please use-channel as shown in tcl/ex/wireless/-mitf.tcl

Solution: pour résoudre ce problème, il suffit d'ajouter l'instruction suivante : set chan [new $opt(chan)] aprés l'instruction : set namtrace, et modifier –channelType$opt(chan) \ par –channel $chan.

Problème: Activer la fonction Adaptive Listening dans le code SMAC.

Solution: pour résoudre ce problème, il suffit de suivre les étapes décrites dans **(Annexe I)**.

Problème: invalid command name "Agent/OLSR" while executing "Agent/OLSR set use_mac_false".

Solution : pour résoudre ce problème, il suffit d'installer UM-OLSR **(Annexe I)**.

Probléme: invalid command name "-topo Instance

Solution: pour résoudre ce problème, il suffit d'ajouter « \ », sinon tcl va traiter le paramètre de configuration du nœud (topo Instance) comme si une commande.

4.3.5- L'analyse des fichiers de traces

La simulation du script tcl génère deux fichiers : fichier.nam et fichier.tr, en fait, pour analyser les fichiers de traces (.tr), nous devrions utilise soit les scripts AWK ou les scripts PERL.

Awk (dont le nom vient des trois créateurs, Alfred Aho, Peter Weinberger et Brian Kernighan) est un langage de traitement de lignes, disponible sur la plupart des systèmes Unix et sous Windows avec Cygwin ou Gawk. **[55]**.

Perl est un langage de programmation créer LarryWall en 1987 et reprenant des fonctionnalités du langage C et des langages de scripts sed, awk et shell(sh). C'est un langage interprété et particulièrement adapté au traitement et à la manipulation de fichiers textes.

4.3.5.1- Gnuplot

Nous allons, tout d'abord, simuler les protocoles SMAC vs 802.11 et SMAC-DSR vs SMAC-OLSR, après, nous allons utiliser des scripts AWK (**Annexe III**) et PERL (**Annexe III**) pour évaluer leur performances. Ensuite, nous allons stocker les résultats de la simulation des protocoles dans un fichier texte (data.txt), après et dans le but de tracer les résultats sous forme de courbes, nous allons choisir l'outil Gnuplot **[54]** (**Annexe III**) qui est un outil de simulation qui permet de tracer très rapidement des courbes à partir des relevés de mesures. Il supporte plusieurs plates-formes comme Linux/Unix, MAC etc. l'utilisation du Gnuplot nécessite de maitriser deux commandes : la commande plot et la commande set **[48]** **[49]**.

4.4- Cas d'étude

4.4.1- Les paramètres à évaluer

Après l'installation du ns-2.33 (**Annexe I**), nous ajouterons le protocole de routage proactif DSR et le protocole réactif OLSR au code SMAC.

Pour évaluer les performances du SMAC, nous définissons deux paramètres pour analyser les résultats de notre simulation. Dans cette simulation, nous nous intéresserons essentiellement à la consommation d'énergie dans les nœuds puisque elle constitue le paramètre le plus critique dans la détermination de la durée de vie d'un réseau de capteur. Les paramètres qu'on a étudiés sont les suivants :

⤵ *La consommation d'énergie moyenne*

La consommation d'énergie moyenne se fait comme suit :

$$Em = \frac{\sum_{n=0}^{n-1} (Eini - En)}{n} (Joules)$$

Avec :

E_m : Énergie moyenne consommé par tous les nœuds

N : nombre de noeuds

E_{ini}: Energie initiale de chaque noeud

E_n : Énergie consommé par chaque nœud

2

⤵ *Le débit moyen de bout en bout [52]*

Le calcul du débit moyen de bout en bout se fait comme suit :

$$\textbf{\textit{End-to-end throughput}} = \frac{rec\_somme}{temps} \text{(bytes/sec)}$$

Avec : Temps=temps_perm-temps_der

- ➢ temps_prem = cette variable enregistre le temps du 1er paquet envoyé
- ➢ temps_der = cette variable enregistre le temps du dernier paquet reçu
- ➢ Temps= le temps totale entre le 1er paquet envoyé et le dernier paquet reçu

rec_somme= cette variable enregistre tous les paquets reçus en octets (**Annexe III**).

4.4.2- Contexte de simulation

Nous allons évaluer et comparer les performances du protocole du routage DSR et OLSR. Pour cela nous avons effectué des simulations avec les mêmes conditions pour les deux protocoles. Nous commençons tout d'abord par définir les différents paramètres du réseau à simuler et par la suite nous passerons à l'interprétation.

Dans notre simulation, nous allons générer un trafic à partir du nœud source (0) vers un nœud destination (9). Les autres nœuds jouent le rôle des relais pour passer les messages entre la source et la destination. Nous procédons tout d'abord à définir les différents paramètres de notre à simuler et par la suite nous passons à l'interprétation des résultats obtenus (**Annexe III**).

Les paramètres de la simulation tels qu'ils sont définis au niveau du script TCL sont :

Paramètres du contexte de la simulation	
Protocole de routage	DSR (première simulation)
	OLSR (deuxième simulation)
Type du canal	Sans fil (Channel/WirelessChannel)
Le modèle de la propagation radio	(Propagation /TwoRayGround)
Type de la file d'attente	Queue/DropTail/PriQueue
Modèle de la couche MAC	SMAC
Type d'antenne	Antenne OmniAntena
Temps de la simulation	700 secondes
Nombre maximale de paquets dans la file d'attente	50
Type de trafic	CBR
Taille du paquet	512 Octets
Energie initiale	1000 J
Energie de la réception (Rx)	1.2 J
Energie de la transmission (Tx)	1.0 J
Energie en mode idle	1.0 J
Dimension du réseau	500*500
Environnement de la simulation	
Machine utilisée	Intel Pentium T4400, 2,2 GHz, 3,49 GO
Système d'exploitation	Ubuntu 8.04 [47]
ns	ns-2.33

Tableau 4.2 : Les paramètres de la simulation du DSR et OLSR

Le but de notre simulation est d'évaluer les performances du protocole de routage OLSR et DSR

4.4.3-Résultats et interprétations

A partir les fichiers de traces générées, nous avons tracés les courbes ci-dessous et nous allons évaluer l'énergie moyenne consommée par chaque nœud du réseau et le débit de bout en bout.

Tout d'abord, nous allons effectuer la simulation du réseau qui contient 10 nœuds, après l'ajout du modèle de l'énergie.

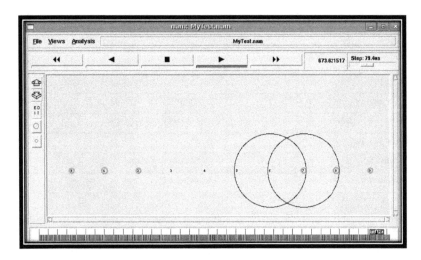

Figure 4.2 : simulation du SMAC-DSR pour un réseau mobile de 10 nœuds dans Nam

L'animateur réseau(NAM) **[22]** est utilisé pour observer les mouvements des nœuds dans un terrain de dimension 500*500 et le transfert des paquets de routage et les paquets de données durant un temps de simulation qui est égale à 700s. La figure 4.2 nous montre une capture d'écran à partir du fichier NAM après la simulation du SMAC-DSR (**Annexe III**) à t=673.621517. Nous voyons aussi que le nœud 7 écoute seulement ses 2 nœuds voisins 6 et 8 et de même pour le nœud 6 qui écoute le nœud 5 et 7. Nous remarquons aussi la coloration des nœuds en jaune et en vert. En fait, si le nœud est de couleur verte, alors elle contient encore beaucoup d'énergie. Si le nœud contient un peu d'énergie, il sera changé à la couleur jaune. Enfin, si le nœud ne contient pas d'énergie, il sera changé à la couleur rouge.

Après la simulation, nous allons comparer la consommation d'énergie au cours du temps pour les protocoles S-MAC et 802.11.

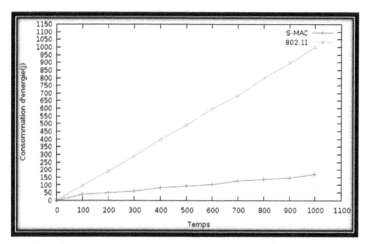

Figure 4.3 : Evolution de la consommation d'énergie au cours du temps

D'après la figure 4.3   , nous remarquons que le protocole S-MAC permet de conserver plus d'énergie que 802.11.Le protocole 802.11 consomme presque deux fois plus d'énergie que S-MAC, et c'est du à *l'Overhearing* qui implique un gaspillage d'énergie suite à la réception des paquets qui ne sont pas destinés au nœud en question et les traitement inutiles de ces paquets (décodage des entêtes, suppression, etc.). Alors que pour S-MAC, quand le nœud détecte qu'il y a, sur le canal, une communication qui ne le concerne pas il désactive son dispositif radio et le remet sous tension soit après la fin de transmission ou à la prochaine période d'écoute. De cette façon S-MAC évite les opérations supplémentaires de réception et traitement, et par suite le gaspillage d'énergie.

Dans les simulations suivantes, nous allons simuler puis évaluer l'énergie moyenne consommée par tous les nœuds du réseau.

Tout d'abord, nous allons évaluer l'évolution de la consommation d'énergie du SMAC-DSR et SMAC-OLSR selon deux modes (mode1 : sans sommeil périodique et mode 3 : 10% duty cycle avec écoute adaptive).

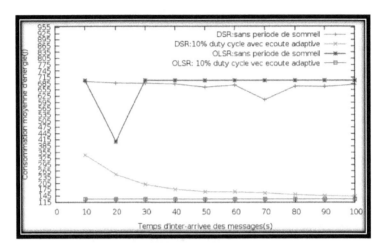

Figure 4.4 : consommation moyenne d'énergie par tous les nœuds en fonction de la charge du réseau

Dans la figure 4.4, nous pouvons voir que le mode SMAC-DSR avec écoute adaptive montre une efficacité énergétique mieux que celle du SMAC-DSR sans période de sommeil. La même chose que dans l'OLSR mais ça n'empêche pas que la consommation d'énergie reste presque stable lorsque on augmente le temps d'inter-arrivée. La raison est que l'écoute adaptive peut atteindre efficacement la latence causée par le sommeil périodique dans les transmissions multi-hop, ce qui réduit le temps moyen pour transmettre un seul octet. Nous remarquons également que SMAC-OLSR avec écoute adaptive permet d'économiser plus d'énergie par rapport SMAC-DSR avec écoute adaptive

Dans le cas suivant, nous allons étudier l'évolution de la consommation moyenne d'énergie par nœud pour DSR et OLSR en fonction de la taille du réseau pour une durée de simulation de 700secondes.

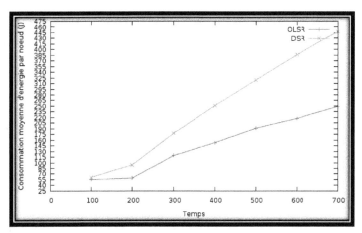

Figure 4.5 : Evolution de la consommation moyenne d'énergie par nœud au cours du temps

Dans la figure 4.5, nous observons qu'avec OLSR l'énergie augmente légèrement avec l'augmentation du temps, elle atteint 249 J à t=700 s. Mais même si la consommation augmente, elle reste beaucoup plus inférieure à celle du DSR qui augmente rapidement et elle atteint 448 J à t= 700 s. L'avantage du l'OLSR c'est qu'il effectue une recherche sur un ensemble des nœuds en utilisant un ensemble des tables de routages qui sont déjà mis à jour, ce qui diminue le temps du la recherche de la route, et par conséquent, la consommation d'énergie sera réduite. Alors que DSR effectue une recherche dans le réseau complet ce qui lui renforce à découvrir tous les nœuds du réseau, donc, le nœud source va perdre assez de temps à la recherche du nœud destination et par conséquent la consommation d'énergie sera augmentée. Enfin, nous pouvons conclure que l'OLSR est plus performant que DSR en termes d'énergie.

Maintenant, nous allons ajouter la fonction Adaptive Listening au code S-MAC (**AnnexeI**) après nous allons simuler le fichier smac-dsr.tcl et smac-olsr.tcl en variant le temps d'inter-arrivée des paquets CBR de 0 à 100s. Ce choix a été fait vu que les réseaux de capteurs ne sont pas conçus pour une forte charge .Et comme ns-2 ne supporte pas le temps d'inter-arrivée 0s pour le trafic, nous allons utiliser 10s au lieu de 0s.

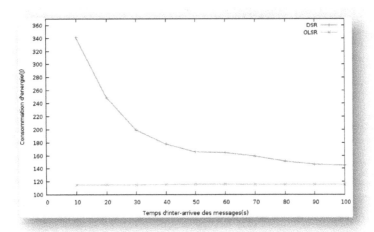

Figure 4.6 : Consommation moyenne d'énergie en fonction de la charge du réseau

C'est vrai que la consommation moyenne d'énergie diminue, mais elle reste plus élevée dans DSR que celle du l'OLSR. Pour le protocole DSR, prenons le cas du trafic lourd qui varie de 1message/10s jusqu'à 1message/40s, nous observons que l'énergie diminue rapidement (de 387j à 189j), alors qu'au cas du trafic léger (à partir 1message/50s), la consommation diminue lentement car les nœuds ont moins de chance d'aller dormir périodiquement et ainsi, ils passent plus de temps dans la transmission. Ainsi, nous remarquons qu'avec OLSR, la consommation d'énergie est presque stable.

Maintenant, nous allons modifier la valeur du « duty cycle », après nous allons simuler le fichier smac-dsr.tcl et smac-olsr.tcl en variant le temps d'inter-arrivée des messages de 10 à 100s. Après, nous allons évaluer l'évolution de la consommation d'énergie selon le mode 4 (SMAC avec cycle de sommeils différents).

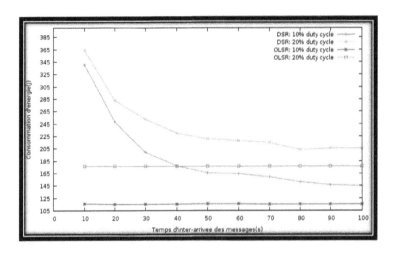

Figure 4.7 : Consommation moyenne d'énergie en fonction le trafic du réseau

D'après la figure 4.7, nous remarquons que DSR : 10% duty cycle consomme moins d'énergie que DSR : 20% duty cycle et la même chose pour OLSR. La raison derrière cela est que le nœud sera actif juste pour 10% et en sommeil pour 90% alors qu'avec 20% duty cycle, le nœud sera actif pour 20% et en sommeil pour 80%, alors plus on augmente la valeur du duty cycle, plus le temps de sommeil diminue et par conséquent, la consommation d'énergie augmente. Pour le trafic, la figure nous montre que le trafic lourd (temps d'inter-arrivée des paquets 10, 20,30) a plus d'énergie consommée et le trafic léger (temps d'inter-arrivée des paquets 80, 90,100) consomme moins d'énergie. Ce qui semble évident c'est que si le trafic est lourd alors cela signifie qu'il y a beaucoup des paquets à envoyer et bien sûr l'envoi de tous ces paquets nécessite plus d'énergie à consommée. De même, un trafic léger signifie qu'il ya un nombre très peu des paquets à envoyer et l'envoi de ces paquets nécessite moins d'énergie à consommer. Enfin, nous pouvons conclure que la modification de la valeur du duty cycle va influencer la consommation d'énergie (**Annexe I**).

Dans ce qui suit, nous allons étudier l'évolution de la consommation moyenne d'énergie par nœud pour le protocole de routage DSR et OLSR en fonction de la taille du réseau (nœuds) pour une durée de simulation 700 secondes. Nous allons varier la taille du réseau de 3 vers 13 nœuds.

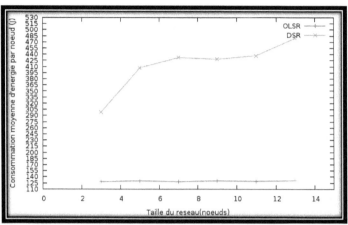

Figure 4.8 : Energie moyenne consommé par un nœud selon la taille du réseau

L'analyse de la courbe 4.8 montre que le protocole de routage OLSR permet d'économiser plus d'énergie que le protocole DSR. Nous remarquons également que la consommation d'énergie augmente en fonction de la densité des nœuds pour le protocole DSR dont l'énergie moyenne consommée atteint une valeur de 488 J à forte densité (13 nœuds), alors qu'avec OLSR, la consommation d'énergie est presque stable (il varie entre 129 J et 132 J. Le problème du DSR est qu'il ne recherche pas la route en avance. Prenons le cas d'un nœud source qui désire envoyer un paquet à un nœud destination, tout d'abord, il inonde le réseau avec un paquet RREQ. L'envoi du paquet RREQ et la réception du paquet RREP augmente la consommation d'énergie. En fait, chaque paquet émis contient dans son entête la liste de description de la route. Alors, et dans le cas d'un environnement statique avec une topologie linéaire de neuf-hop, plus on augmente le nombre des nœuds, plus la destination sera très éloignée et par conséquent l'entête du paquet sera très lourde et elle consomme plus d'énergie pour arriver à la destination et retourner vers la source. Alors que le protocole OLSR recherche toujours la route en avance. En fait, la technique des relais multipoints, permet à l'OLSR de trouver rapidement le destinataire sans devoir au préalable effectué une recherche dans le réseau et par conséquent, la consommation d'énergie sera réduite. Aussi, cette efficacité est due au fait que l'OLSR utilise *l'algorithme de Djiktra* pour trouver la route de plus court chemin.

Ainsi, nous allons simuler le débit moyen de bout en bout pour DSR et OLSR en fonction de la charge.

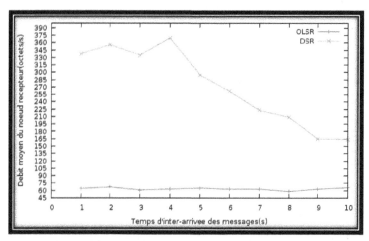

Figure 4.9 : le débit moyen en fonction la charge du réseau

Nous remarquons que le débit moyen du DSR diminue en fonction de la charge du réseau alors que le débit est presque stable pour OLSR. Nous observons aussi que, le débit du DSR diminue lorsque le temps d'inter-arrivée des messages est très léger et il augmente le débit du DSR diminue et quand le temps d'inter-arrivée des messages est lourd.

Pour analyser les fichiers de traces du OLSR et DSR, nous avons effectué une comparaison des performances entre ces deux protocoles pour les différents paramètres cités ci-dessous :

Les paramètres	DSR	OLSR
Nbre de paquets transmis	3503 paquets	4608 paquets
Nbre de paquets reçus	1440 paquets	18 paquets
Nbre de paquets forwards	550 paquets	0 paquets
Nbre de paquets dropes	29 paquets	4043 paquets
Nbre de paquets dropes NRTE	0 paquets NRTE	18 paquets NRTE
Nbre de paquets dropes IFQ	4 paquets IFQ	3999 paquets IFQ
Nbre de paquets dropes COL	25 paquets COL	26 paquets COL

Tableau 1.3 : Comparaison des performances entre SMAC-OLSR et SMAC-DSR

D'après le tableau, nous remarquons que dans le protocole OLSR, il n'y a pas de paquets forwards au contraire de DSR qu'il a 550 paquets forwards, aussi pour DSR, il n'existe aucun paquets drope NRTE.

Maintenant, nous allons effectuer une évaluation de quelques paramètres pour DSR à partir les fichiers de traces.

Autres paramètres	DSR
Délai de bout en bout	118227 ms
PDF	89,8551%
Débit	0,40 Kbps
Débit de bout en bout	160,414634671105 octets/s

Tableau 4.4 : Evaluation de quelques autres paramètres de DSR

4.5-Conclusion

Les simulations réalisées avec le simulateur ns-2 ont mené à étudier la consommation d'énergie et autres paramètres du protocole SMAC au niveau MAC et des protocoles DSR et OLSR au niveau réseau. En fait, nous avons simulé les protocoles SMAC-DSR, SMAC-OLSR et SMAC-802.11, ensuite, nous avons évalué leurs performances en termes d'énergie. Nous avons remarqué, ainsi, que le protocole SMAC consomme moins d'énergie que le protocole 802.11 et que le protocole OLSR permet d'économiser plus d'énergie que le protocole DSR.

Conclusion générale

Dans ce mémoire, nous nous sommes intéressés à la problématique de l'économie d'énergie dans les réseaux de capteurs. Le problème de l'énergie est causé par le fait que les réseaux de capteurs sont déployés dans des endroits inaccessibles et parfois hostiles et que leurs batteries à faible puissance ne peuvent pas être rechargées. La consommation d'énergie dans les réseaux de capteurs est une contrainte qui a changé beaucoup de considérations pour ces réseaux. Pour répondre à cette problématique, nous avons procédé comme suit :

Tout d'abord, nous nous sommes intéressés à l'étude des réseaux de capteurs : leurs composants, leurs caractéristiques, leurs architectures, leur topologie, etc. Nous avons également étudié quelques protocoles de niveau MAC : leurs caractéristiques, leurs apports en termes de conservation d'énergie. Parmi ces protocoles, nous avons choisi le protocole SMAC. Par la suite, nous avons étudié en détail les caractéristiques et les fonctionnalités de ce protocole en discutant le problème de la consommation d'énergie et nous avons ensuite proposé une modification dans les protocoles de routages dans SMAC afin d'augmenter le nombre de nœuds .enfin, nous avons évalué les performances du SMAC-DSR et SMAC-OLSR (**Annexe III**) en utilisant l'outil de simulation ns-2.33. D'après les résultats obtenus, nous avons constaté que le protocole SMAC présente une grande capacité de conservation d'énergie mieux que le protocole 802.11. Aussi, nous avons remarqué aussi que le protocole OLSR est mieux que DSR en termes d'énergie.

Ce mémoire m'a permis de me familiariser avec les RCSF et en particulier le protocole SMAC de la couche MAC .Au bout des ces quelques mois, mon expérience dans le domaine des réseaux de capteurs s'est enrichie et mon savoir s'est approfondi. De plus, j'ai côtoyé de près le domaine de la recherche.

Parmi les perspectives envisageables pour améliorer les performances de SMAC, on trouve:

- *SMAC avec des différents « duty cycle »* : « duty cycle »est un paramètre SMAC réglable par l'utilisateur, il détermine la longueur de la période de sommeil dans un frame. La modification du « duty cycle » va apporter un changement sur les performances du SMAC.
- *Schedules multiples pour SMAC* : dans tous les scénarios, nous avons considéré que tous les nœuds du réseau partagent le même schedule. L'article **[37]** a proposé un algorithme de schedule globale pour faire converger tous les nœuds vers une schedule globale unique et a proposé un algorithme que l'on appelle chemin rapide pour aider SMAC à trouver un

chemin de transfert rapide dans les transmissions multi-hop. Par conséquent, l'étude de ces nouvelles fonctionnalités de SMAC devrait être notre futur travail. .

Bibliographie

[1] L. Khelladi, N. badache, Article "les réseaux de capteurs : état de l'art " LSI-Département Informatique, Faculté Génie Electrique & Informatique USTHB ,2004

[2] David Rey, Mémoire "collecte des données d'un réseau de capteurs sans fils en utilisant une surcouche réseau pair à pair " Département de génie informatique et génie logiciel, Ecole Polytechnique de Montréal, Avril 2010

[3] The 29 Palms Experiment: Tracking Vehicles with a UAV-Delivered Sensor Network, page web: http://robotics.eecs.berkeley.edu/~pister/29Palms0103, consulté le 02 Mars 2011

[4] Le réseau de capteurs http://fr.wikipedia.org/wiki/Réseau_de_capteurs_sans_fil, consulté le 2 Mars 2011

[5] Thomas Watteyn, Mémoire " proposition et validation formelle d'un protocole Mac d'un réseau de capteurs sans fils " Laboratoire CITI Lyon, 2004/2005

[6] Fatima benhamida, Mémoire "Tolérance aux pannes dans les réseaux de capteurs sans fils "Ecole Doctorale Ingénierie des Systèmes Informatiques oued-smar Alger ,2009

[7] Rahim Kacimi, Thèse " Techniques de conservation d'énergie pour les réseaux de capteurs sans fil "Institut National Polytechnique de Toulouse, France, Juillet 2009

[8] M. Ali, A. Böhm, and M. Jonsson, Article "Wireless sensor networks for surveillance applications "In Proceedings of the 4th International Conference on Wireless and Mobile Communications (ICWMC '08), pages 399-403, Washington, USA, 2008

[9] H.Baklouti, Mémoire " L'optimisation du coût de surveillance dans les réseaux de capteurs", Ecole supérieur de communications de tunis, 2010

[10] C.Heng Foh, M Zukerman, Article "Performance Analysis of the IEEE 802.11 MAC Protocol ", EEE Department, the University of Melbourne Parkville, Vic. 3010, Australia, 2009

[11] Y.Kwon, Y.Chae, Article "Traffic Adaptive IEEE 802.15.4 MAC for Wireless Sensor Networks ", Konkuk University Korea, 2000

[12] Y.-C. Tseng, C.-S.Hsu and T.-Y. Hsieh, Article "Power-saving protocols for IEEE 802.11-based multi-hop ad hoc networks " in Proceedings of the IEEE Infocom, pp. 200–209, New York, USA, 2002

[13] Tijs van Dam, Koen Langendoen, Article "An Adaptive EnergyEfficient MAC Protocol for Wireless Sensor Networks", Faculty of Information Technology and Systems Delft University of Technology The Netherlands, USA,2003

[14] J. Polastre, J.Hill, and D.Culler, Article "low power media access for wireless sensor networks" In Proceedings of the 2nd International Conference on Embedded Networked Sensor Systems, SenSys 2004, pages 95–107, Baltimore, MD, USA, Novembre 2004

[15] I.Rhee, A.Warrier, M.Aia and J.Min, Article " Z-MAC: a Hybrid MAC for Wireless Sensor Networks " Dept. of Computer Science, North Carolina State University Raleigh, NC 27695

[16] Gérard Chalhoub, Mémoire "Routage et MAC dans les réseaux de capteurs sans fil ", Université Clermont, 8 novembre 2010

[17] Johnson, Maltz, Hu, Article "The Dynamic Source Routing Protocol for Mobile Ad Hoc Networks (DSR) ", Interent Draft, 16 avril 03

[18] Wendi Rabiner Heinzelman, Anantha Chandrakasan, and Hari Balakrishnan, "Energy-Efficient Communication Protocol forWireless Microsensor Networks" Massachusetts Institute of Technology Cambridge, MA 02139, Proceedings of the 33rd Hawaii International Conference on System Sciences – 2000

[19] Kemal Akkaya and Mohamed Younis, Article "A Survey on Routing Protocols for Wireless Sensor Networks"Department of Computer Science and Electrical Engineering University of Maryland, Baltimore County Baltimore, MD 21250. kemal1, 26novembre 2003

[20] Mobile ad-hoc networks, https://fr.wikipedia.org/wiki/Mobile_Ad-hoc_NETworks, Mai 2011

[21] Routage AdHoc, page web : http://fr.wikipedia.org/wiki/Routage_AdHoc, mai 2011

[22] Nam: Netwok Animator, http://www.isi.edu/nsnam/nam/nam2.html#TUTORIAL, consulté en avril 2011

[23] SADEDDINE Menad, Mémoire " Optimisation du Protocole de Routage DSR pour les Réseaux Ad-Hoc", université Claude Bernard Lyon, Département informatique, 17 septembre 2009

[24] Abdellaoui Rachid, Mémoire "SU-OLSR UNE NOUVELLE SOLUTION POUR LA SÉCURITÉ DU PROTOCOLE OLSR " Ecole de technologie supérieur université du Québec, 5 mai 2009

[25] A.Laouiti, C.Adjih, Article "MESURES DES PERFORMANCES DU PROTOCOLE OLSR" INRIA, Domaine de Voluceau – Rocquencourt 78150 Le Chesnay, France, 2009

[26] A. Qayyum, A. Laouiti, L. Viennot, Article "Multipoint relaying technique for flooding broadcast messages in mobile wireless networks" HICSS, Hawaii, Janvier 2002

[27] L.Barrére, Thèse "Etude et proposition de services dans les réseaux mobiles militaires de type Manet" université de bordeaux I, 9 juillet 2009

[28] David B. Johnson, David A. Maltz, and Josh Broch, Article " DSR: The Dynamic Source Routing Protocol for Multi-Hop Wireless Ad Hoc Networks " Computer Science Department Carnegie Mellon University, 1996

[29] The optimized Lin State Routing Protocol Version 2 draft-ietf-manet-olsrv2-12 page web: http://datatracker.ietf.org/doc/draft-ietf-manet-olsrv2/?include_text=1, consulté en aout 2011

[30] K.Sohrabi, J.Gao, V.Ailawadhi, G.J.Pottie, Article "Protocols for a self-organization of wireless sensor network", IEEE Personal Communications, pp.16 –27, Octobre2000

[31] Holger Karl and Andreas Willig, Article "Protocols and Architectures for Wireless Sensor Networks", John Wiley & Sons 2005

[32] T. Chiras, M. Paterakis, P. Koutsakis, Article "Improved Canal Access Control for Wireless Sensor Networks-A Study on the S-MAC Protocol Technical" University of Crete, Chania-Greece, 2005

[33] SCADDS: Scalable Coordination Architectures for Deeply Distributed Systems page web: http://www.isi.edu/scadds/projects/smac/, consulté le: 06-Avril 2011

[34] The NS Manual, A Collaboration between researchers at UC Berkeley, LBL, USC/ISI, and Xerox PARC. April 11, 2007

[35] Wei Ye, John Heidemann, Deborah Estrin, Article "An Energy-Efficient MAC Protocol for Wireless Sensor Networks" University of Southern California (USC), Juin 2002

[36] The network simulator ns-2 page web: http://isi.edu/nsnam/ns/, consulté le: 03 Juin 2011

[37] Y. Li, W. you and J. Heidemann, Article "Energy and latency control in low duty cycle MAC protocols" USC/ISI Technical Report ISI-TR-595, aout 2004

[38] G. Lu, B. Krishnamachari, C.S. Raghavendra, and Article "An adaptive energy efficient and low-latency MAC for data gathering in wireless sensor networks", Proceedings of 18th International Parallel and Distributed Processing Symposium, Pages: 224, 26-30 April 2004.

[39] S.S., Kulkarni, Article "TDMA services for Sensor Networks", Proceedings of 24th International Conference on Distributed Computing Systems Workshops, pp: 604 – 609, 23-24 Mars 2004.

[40] Holger Karl and Andreas Willig, Article "Protocols and Architectures for Wireless Sensor Networks ", John Wiley & Sons, 2005

[41] Energy Model update in ns-2 http://www.isi.edu/ilense/software/smac/ns2_energy.html , mise à jour du site 24 mai 2007, consulté le : 7 mai 2011

[42] Ilker Demirkol, Cem Ersoy, and Fatih Alagöz, Article "MAC Protocols for Wireless Sensor Networks: a Survey", 2009

[43] Pradeep Surasura, Sanjeev S. Sannakki, Article "Stable Routing Protocol for Mobile Ad-Hoc Networks" Int. J. Advanced Networking and Applications, Pages:555-561, 2010

[44] The perl Programming Language, http://www.perl.org/, consulté le : 24 juin 2011-10-07

[45]Tutoriel ns-2, http://www-r2.u-strasbg.fr/~montavont/web/ens/index.php?n=Master1.Ns-2Tutoriel, consulté le : 28 avril 2011

[46] Ns-2 Documentation http://personnel.univ-reunion.fr/panelli/4_teaching/TP-NS-2/2-documentation.html#Tcl, consulté le : 29 avril 2011

[47] ubuntu-fr, http://doc.ubuntu-fr.org/accueil, consulté le : 13 mars 2011

[48] Official gnuplot documentation, http://www.gnuplot.info/documentation.html, consulté le 2 mai 2011

[49] Guide de démarrage http://litis.univ-lehavre.fr/~guinand/Guides/gnuplot.html, consulté le 2 mai 2011

[50] Kwang Yong Lim, thése "A PERFORMANCE ANALYSIS OF AN AD-HOC OCEAN SENSOR NETWOR" Naval postgraduate school Montery-California, décembre 2006

[51] Sofiane MOAD, mémoire "Optimisation de la consommation d'énergie dans les réseaux de capteurs sans fil" Laboratoire de recherche : DYONISOS-IRISA, Université : IFSIC-Rennes 1, 2007/2008

[52] Dae-Suk Y00, Su-Sung Park Seung Sik Choi and Se H\va Park, "Dynamic S-MAC protocol for Wireless Sensor Networks based on Network Traffic States" in Proceedings of the IEEE Infocom , Korea, 2008

[53] A Nikolaos A. Pantazis, Apostolos Pantazis, Stefanos A. Nikolidakis and Dimitrios D. Vergados, "A Performance Evaluation of S-MAC protocol in combination with energy efficient protocols for Wireless Sensor Networks", International Conference on Telecommunications , 2011

[54] Présentation du Gnuplot, http://www-rst.int-evry.fr/~hebutern/IT21/Simu/Gnuplot.html, consulté le 08 juillet 2011

[55] AWK, http://fr.wikipedia.org/wiki/Awk, consulté le 11 juillet 2011

Annexe I : la procédure d'installation du ns,um-olsr

I.1- la procédure d'installation du ns-2.33 sous ubuntu 8.04

Tout d'abord, il faut télécharger et installer ns-2.33 allinone en tapant la commande suivante :

- wget http: //sourceforge.net/projects/nsnam/files/allinone/ns-allinone-2.33/ns-allinone-2.33.tar.gz/download

Maintenant, on va décompresser ns-allinone-2.33.tar.gz en tapant la commande suivante :

- cd /home/ubuntu/Bureau
- $tar –zxvf ns-allinone-2.33.tar.gz
- cd ns-allinone-2.33
- $ sudo apt-get install build-essential autoconf automake libxmu-dev

Enfin, on commencera l'installation en tapant la commande suivante:

- ./install

Après l'installation, on va ajouter les paramètres d'environnement ci-dessous dans le fichier bashrc en tapant la commande suivante :

gedit ~/.bashrc

ajouter le code suivant, qui contient les paramétres, dans le fichier bashrc sont :

#LD_LIBRARY_PATH
OTCL_LIB=/home/programmer/ns-allinone-2.33/otcl-1.13
NS2_LIB=/home/programmer/ns-allinone-2.33/lib
X11_LIB=/usr/X11R6/lib
USR_LOCAL_LIB=/usr/local/lib
export
LD_LIBRARY_PATH=$LD_LIBRARY_PATH:$OTCL_LIB:$NS2_LIB:$X11_LIB:$USR_LOC
AL_LIB
#TCL_LIBRARY
TCL_LIB=/home/programmer/ns-allinone-2.33/tcl8.4.18/library

USR_LIB=/usr/lib

exportTCL_LIBRARY=$TCL_LIB:$USR_LIB

#PATH

XGRAPH=/home/programmer/ns-allinone-2.33/bin:/home/programmer/ns-allinone-2.33/tcl8.4.18/unix:/home/programmer/ns-allinone-2.33/tk8.4.18/unix

NS=/home/programmer/ns-allinone-2.33/ns-2.33/

NAM=/home/programmer/ns-allinone-2.33/nam-1.13/

export PATH=$PATH:$XGRAPH:$NS:$NAM

Après, on tape: source ~/.bashrc

Attention: il faut élminier les # devant les addresses URL dans le fichier sources.listsinon l'ns ne sera jamais installé. C'est pour cela la majorité des utilisateurs n'arrive pas à installer ns. Donc il faut taper la commande suivante pour accéder au fichier sources n après juste on fait la mise à jour du fichier sources.list :

- Gksu gedit /etc/apt/sources.list , après il suffit d'éliminer les #
- Sudo apt-get update

Maintenant ns, nam et xgraph sont installés.

Pour travailler avec gnuplot au lieu de xgraph , il suffit d'installer la derniére version du gnuplot en exécutant le code ci-dessous :

- Wget http://sourceforge.net/projects/gnuplot/files/gnuplot/4.4.4/gnuplot-4.4.4.tar.gz/download
- tar xzf gnuplot-4.4.4.tar.gz
- mkdir build && cd build
- ./gnuplot-4.4.4/configure --with-readline=gnu
- make
- sudo make install

I.2- SMAC avec sommeil périodique et avec écoute adaptive

Comment activer la fonction « Adaptive Listening (écoute adaptive) »du protocole S-MAC ?

En fait, on ne peut pas activer « Adaptive Listening » dans le script TCL. Pour l'activer, il faut définir le code #JOURNAL_PAPER dans le fichier smac.h et recompiler ns. Par défaut ce code est commenté et la fonction « Adaptive Listening » est désactivée.cd ns-allinone-2.33/ns2.33/mac/smac.h

Tout d'abord, pour activer la fonction « Adaptive Listening », il suffit d'enlever les commentaires:

- #ifndef JOURNAL_PAPER
- #define JOURNAL_PAPER
- #endif

Après, on désinstalle et réinstalle ns :

- cd ns-allinone-2.33/ns-2.33
- ./configure
- make distclean
- ./configure
- Make

I.3- Installation de l'UM-OLSR

Pour installer UM-OLSR, il suffit de suivre les étapes ci-dessous:

- cd ns-allinone-2.33/ns-2.33
- tar zxvf um-olsr-0.8.8.tgz
- ln –s ./um-olsr-0.8.8 ./olsr

Après, il faut placer le fichier de patch dans le dossier olsr après taper l'instruction suivante dans le console :

- patch –p1 < olsr/um-olsr_ns-2.33_v0.8.8.patch

Maintenant, pour exécuter UM-OLSR dans ns-2, il faut suivre les instructions suivantes:

- ./configure
- Make distclean
- ./configure
- Make

I.4- la consommation moyenne d'énergie

Dans les figures ci-dessous, nous avons varié la valeur du duty cycle (10%,20%,30%) pour SMAC-DSR et SMAC-OLSR, après, grâce à l'outil Gnuplot, nous avons tracé les courbes ci-dessus à partir les valeurs calculées.

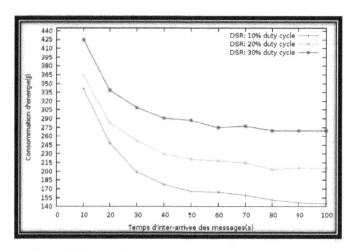

Figure 2: Consommation moyenne d'énergie en fonction du charge

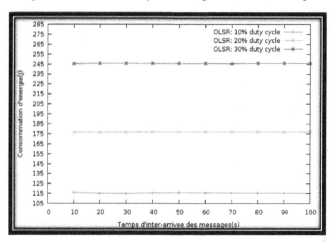

Figure 2: Consommation moyenne d'énergie en fonction de la charge

I.5-Quelques définitions

La latence (latency) est le temps écoulé entre l'émission d'un bit et sa réception. Unité : s (ms, μs, …). On s'intéresse aussi parfois au temps d!aller-retour (round trip time ou RTT)

Latence = durée de transmission + temps de propagation + temps d'attente

> Avec : Durée de transmission : taille du message / débit

temps nécessaire pour transmettre les données (les envoyer sur le réseau)

> Temps de propagation : distance / vitesse de propagation

temps nécessaire pour que les données aillent de l'émetteur au récepteur

➢ Temps d'attente : c'est le temps "perdu" par le système de communication notamment à cause de l'occupation des ressources)

➢ La somme (temps de propagation + temps d'attente), ou latence de base, est un délai incompressible (temps écoulé avant de recevoir le 1-er bit d'un message)

Débit (throughput) : quantité d'information par unité de temps. Unité: bit/s (Kbit/s, Mbit/s,)

Inondation = la diffusion pure qui fait propager un paquet dans le réseau entier (inonder= informer)

Annexe II : OLSR

II.1-Le format du message TC

Le message TC permet au MPR de transmettre la liste de ses voisins qui l'ont choisi comme MPR. Il sert à établir les tables de routage. Aussi, pour qu'il soit diffusé sur tout le réseau, la valeur du TTL dans l'header du message est 255, la valeur maximale. Autrement dit, un nœud envoie dans un paquet TC à l'ensemble des liens l'unissant à ses MPR. Ce paquet TC est envoyé en broadcast et relayé par ses MPR. Ces informations offrent une carte de réseau contenant tous les nœuds et un ensemble partiel des liens suffisant pour la construction de la table de routage.

- « Reserved » : Ce champ doit contenir « 0000000000000000 »
- « ANSN (Advertised Neighbor Sequence Number) » : Entier incrémenté à chaque changement de topologie. Il permet de ne pas tenir compte des informations obsolètes, pour tenir les tables le plus à jour possible.
- « Advertised Neighbor Main Address » : Adresse IP des nœuds à un saut (qui sont annoncés par les paquets Hello)

Pour chaque destination dans le réseau, le noeud maintient le tuple suivant: (T_dest_addr, T_last_addr, T_seq, T_time).

- T_dest_addr est l'adresse principale de la destination qui est à un saut du noeud avec l'adresse principale T_last_addr. Autrement dit, T_last_addr est un relais multipoint du T_dest_addr.
- T_seq, est un numéro de séquence
- T_time est le temps au bout duquel ce tuple expire et doit être détruit.

Tous les noeuds choisis comme relais multipoint doivent diffuser périodiquement dans le réseau un message TC contenant la liste des voisins de ce dernier qui l'ont désigné. Le numéro de séquence associé à cette liste est aussi envoyé dans le message TC.

II.2- Le format du message HELLO

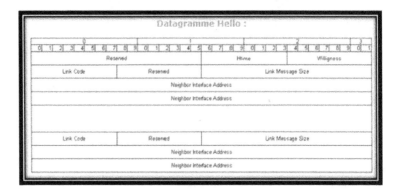

Pour s'informer du proche voisinage, les noeuds OLSR envoient périodiquement des messages dits HELLO contenant la liste de leurs voisins directs. Ces messages permettent à chacun de choisir son ensemble de relais multipoints.

- « Reserved » : Ce champ doit contenir « 0000000000000000 »
- « Htime » : Intervalle d´émission des messages HELLO
- « Willigness » : permet de forcer le passage d´un nœud en MPR
- « Link Code » : Code identifiant le type de lien (pas d´information,symétrique, asymétrique,etc.) entre l´expéditeur et les interfaces listées (« Neighbor Interface Address »)
- L'état « Perdu » signifie que le lien correspondant est perdu et n'est plus valide.

L'état « symétrique » signifie que le lien a été vérifié dans les deux sens, et qu'il est donc possible d'envoyer des données en unicast sur ce lien.

L'état « asymétrique » indique que le nœud reçoit les messages HELLO, venant de cette interface voisine, mais que le lien n'est pas encore valide dans l'autre sens.

L'état « MPR » indique que ce nœud a choisi ce voisin comme relais multipoint, et que le lien est symétrique.

En résumé, un message HELLO contient pour chaque interface I :

- La liste des adresses des interfaces voisines, possédant un lien symétrique avec l'interface I
- La liste des adresses des interfaces voisines qui sont entendus par I.

- La liste des adresses des interfaces voisines qui sont choisies comme relais multipoint (ces liens sont aussi symétriques).
- La liste des adresses des interfaces voisines qui viennent d'être perdues.

Les nœuds diffusent les messages Hellos autour d'eux (c'est-à-dire à un saut) sur toutes les interfaces rattachées au nœud. Ces messages sont envoyés périodiquement. Ils ne sont pas relayés par les voisins qui les reçoivent. Ainsi, chaque nœud maintient une base d'informations de voisinage pour toutes les interfaces voisines, les voisins à deux sauts et les MPRs. Elles sont alimentées et mises à jour périodiquement par les échanges des messages HELLO.

II.3-Algorithme de la sélection MPR par OLSR

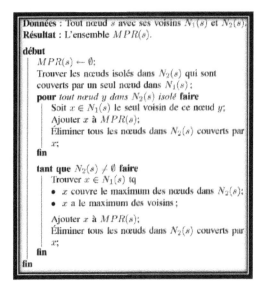

Données : Tout nœud s avec ses voisins $N_1(s)$ et $N_2(s)$.
Résultat : L'ensemble $MPR(s)$.

début

$MPR(s) \leftarrow \emptyset$;

Trouver les nœuds isolés dans $N_2(s)$ qui sont couverts par un seul nœud dans $N_1(s)$;

pour *tout nœud y dans $N_2(s)$ isolé* **faire**

Soit $x \in N_1(s)$ le seul voisin de ce nœud y;

Ajouter x à $MPR(s)$;

Éliminer tous les nœuds dans $N_2(s)$ couverts par x;

fin

tant que $N_2(s) \neq \emptyset$ **faire**

Trouver $x \in N_1(s)$ tq

- x couvre le maximum des nœuds dans $N_2(s)$;
- x a le maximum des voisins ;

Ajouter x à $MPR(s)$;

Éliminer tous les nœuds dans $N_2(s)$ couverts par x;

fin

fin

www.ingramcontent.com/pod-product-compliance
Lightning Source LLC
LaVergne TN
LVHW042344060326
832902LV00006B/381